zit S. 131
zit S. 144

Bernhard Häring

Meine Hoffnung für die Kirche

Kritische Ermutigungen

Herder
Freiburg · Basel · Wien

2. Auflage 1997

Umschlaggestaltung: Finken & Bumiller, Stuttgart
Herstellung: Clausen & Bosse, Leck
Gedruckt auf umweltfreundlichem,
chlorfrei gebleichtem Papier
ISBN 3-451-26159-6

Inhalt

Einleitung

Das vorliegende Buch führt in seinem ersten Teil Überlegungen weiter, die ich vor einigen Jahren in meinem kleinen Buch *Es geht auch anders. Plädoyer für eine neue Umgangsform in der Kirche*[1] dargelegt habe. Am Beispiel der moraltheologischen Diskussion und Wirklichkeit in der Kirche möchte ich zeigen, welche Klippen unsere kirchliche Existenz gefährden. Wie kein anderer Bereich innerhalb der Theologie ist gerade die Moraltheologie in der Wende, die das II. Vatikanische Konzil bedeutete, umgewandelt worden, wie kein anderer Bereich ist gerade aber auch sie Gegenstand aktueller konservativer Restaurationsbestrebungen. Trotzdem kann ich eine, wie mir scheint, gut begründete Hoffnung aussprechen: eine machtvolle Wende zeichnet sich ab. Alte Modelle kirchlicher Wirklichkeit sind im Auslaufen, Neues wird sichtbar.

Die Leserinnen und Leser werden spüren, daß ich es nicht mag, wenn man den Kopf in den Sand steckt, um nur ja die Wirklichkeit nicht wahrnehmen zu müssen. Wir haben uns den ernsten Schwierigkeiten dieser geschichtlichen Stunde zu stellen, dürfen uns aber auch nicht von ihnen überwältigen lassen. Der Gefahr der Schwarzmalerei entgehen wir nur, wenn wir den positiven Kräften, die am Werk sind, unsere ganze Aufmerksamkeit schenken und so versuchen, die Zeichen der Zeit zu deuten.

Im zweiten Teil des Buches wende ich mich – die im ersten Teil gezeichneten Linien ausziehend – Ereignissen und Gegebenheiten zu, die außerhalb der moraltheologischen Diskussion auf neue Horizonte der geschichtlichen Entwicklung weisen.

Der großartige kirchliche Aufbruch im Zweiten Vatikanischen Konzil ist nicht nur in unserem dankbaren Gedächtnis lebendig. Die damals wachgewordenen Kräfte sind immer noch am Werk. Die Gegenkräfte werden als Herausforderung wahrgenommen.

Es hängt von uns allen ab, ob die gegenwärtigen ernsten Krisen sich schließlich als Wachstumskrisen erweisen werden. Neues ist im Werden. Große Chancen dürfen nicht versäumt werden.

Erster Teil

Es geht ums Ganze: Moraltheologie im Aufbruch und in der Restauration

Der Aufbruch und die Wende in der Moraltheologie, wie ich sie im Verlauf meines Lebens erfahren und mitgestaltet habe, steht zur Disposition. Der katholische Weltkatechismus und die Moralenzyklika *Veritatis splendor* weisen in restaurative Richtungen. Sie sind eine neue Herausforderung an uns alle, uns zu fragen: Worum geht es, worum ging es und wie wird es wohl noch eine geraume Weile weitergehen? In beiden Dokumenten geht es ja nicht nur um einige konkrete Fragen moraltheologischer Art, sondern um die Gesamtsicht, um die Gesamtrichtung. Es geht um die Perspektive von morgen und um die Gesamtzusammenhänge der Zukunft.

Zur Frage steht die Wechselbeziehung zwischen dem konkreten Kirchenverständnis (Ekklesiologie), den Kirchenstrukturen einerseits und dem Typ der Moraltheologie und Moralverkündigung andererseits. Es geht um das Verhältnis der Moraltheologie zur Dogmatik (Glaubenslehre), zur Exegese und zum Kirchenrecht.

Ein ganz entscheidendes Kriterium für die Echtheit des Aufbruchs der Moraltheologie war und bleibt darüber hinaus das *ökumenische* Anliegen. Es geht uns um eine versöhnte Christenheit, aber ebenso um die ganze bewohnte Erde (Ökumene), um jene Art der Inkulturation, durch die die christliche Glaubenslehre und Moral allüberall Wurzel fassen und Sauerteig des Lebens sein können. Es geht also um eine ganz konkrete Verwirklichung von Katholizität, um Einheit in fruchtbarer Vielgestaltigkeit. Mein besonderes Anliegen gilt dem Verhältnis von Gnade und Gesetz in deutlicher Abhebung von einem Typ der Moraltheologie, in der die Gnade nur Anhängsel an das Gesetz war. Es geht um das »Geistgesetz des Lebens in Christus Jesus«.

Es geht um die radikale Bekehrung zur Frohbotschaft, zum Leben in Christus und die »ständige Bekehrung« zu einem Leben gemäß dem Urevangelium: »Das Reich Gottes ist nahe: Bekehrt euch und glaubt an die Frohbotschaft« (Mk 1,16), und zwar nicht nur individuell, sondern auch in Gemeinschaft.

Diese Fragen können nicht abstrakt, im luftleeren Raum, behandelt werden. Es handelt sich um Fragen, die tief in das Leben jedes einzelnen und natürlich mit besonderer existentieller Erschütterung in das der Moraltheologen eingreifen.

Der Leser wird es darum verstehen, warum ich mich im folgenden immer wieder auf meine eigenen Lebenserfahrungen beziehe, soweit diese im Bemühen und im Erleiden hinsichtlich des Aufbruchs und der Wende der Moraltheologie erworben sind.

I. Meine Berufung als Moraltheologe

Am Anfang meiner Erfahrungen steht das Erleiden eines bestimmten Typus von Moral in der Kirche, von dem ich weiß, daß er weithin verbreitet war: Zur Vorbereitung auf die Erstbeichte wurden uns nicht nur genaue Anweisungen über die Vollständigkeit der Beichte gegeben, sondern auch eine gewalttätige Motivation aufoktroyiert. Der Pfarrer erzählte uns, daß ein Abt bei der Beerdigung eines im Ruf der Heiligkeit verstorbenen Mönches nach dem Requiem ein Lobamt begann. Doch da kam aus dem Sarg eine hohle Stimme: »Ich bin verdammt!« Der Abt befahl dem Toten im heiligen Gehorsam, den Grund der Verdammung zu bekennen. Da kam es aus dem Totenreich: »Ich habe aus Scham bei der Erstbeichte eine Sünde verschwiegen und später nie nachgebeichtet!« Darauf schrieb ich mir in langer Arbeit alle meine sicheren und unsicheren Sünden genau auf, um ja nicht dem gleichen Schicksal zu verfallen.

Wie viele Katholiken aller gesellschaftlichen Schichten und Lebensumstände waren infolge eines bestimmten Typus von Moraltheologie oft ein Leben lang von der furchtbaren Angst geplagt, ob sie ja wirklich alle schweren Sünden gebeichtet hätten! Und dazu gehörte auch eine genaue Information über Natur und Art der schweren Sünde. Wehe, wenn ängstlich veranlagte Menschen in die Hände eines typischen Beichtrichters fielen. Zum Glück fand ich noch im Kindesalter einen Beichtvater, der mich zu heilen verstand. Er vermittelte mir durch seine ganze Art ein ganz anderes Gottesbild als der ungeschickte Pfarrer, der jene törichte Geschichte, wie ich später entdeckte, aus einer katechetischen Zeitschrift übernommen hatte.

Noch eine andere erschreckende Erfahrung gehört in diesen Zusammenhang: Als ich etwa 15 Jahre alt war, erlitt meine älteste Schwester eine Frühgeburt von Zwillingen. Der erste Zwilling lebte noch und erhielt durch die Hebamme die Nottaufe. Der zweite kam tot zur Welt. Der gleiche Pfarrer, der uns solche Angst vor einer unvollständigen Beichte eingejagt hatte, erklärte meiner Schwester und ihrem Mann, daß nur der Leib des Notgetauften auf dem geweihten Friedhof beerdigt werden könne, nicht aber der andere, da er für ewig von der Seligkeit ausgeschlossen sei. Meine Schwester kam durch diese Entscheidung in eine tiefe Krise. Mir ging das alles unheimlich zu Herzen, und ich fragte mich, auch im Gespräch mit meiner frommen Schwester, welches Gottesbild sich wohl hinter solch einer Haltung des Pfarrers verberge. Ich dachte damals schon daran, Priester zu werden, und nahm mir vor, diese Frage einmal gründlich zu studieren. Was ich dann auch tat.

Die Frage nach einem menschenfreundlichen Gottesbild quälte mich dann auch später unablässig, als ich unter einem »Doktor beider Rechte« Moral studierte. Unzählige Todsündenregister im Blick auf unwesentliche Riten wurden uns beigebracht! Es gruselte mir, als ich vernahm, ein Priester, der aus Sorglosigkeit außerhalb des Korporale Hostien in einem Ziborium konsekriere, begehe eine schwere Sünde – damals gleichbedeutend mit Todsünde.

Zum Glück kam mir zu dieser Zeit das Handbuch der Moraltheologie von Fritz Tillmann, Theodor Steinbüchel und Theodor Müncker in die Hand. Mir wurde deutlich, daß zwischen der Moraltheologie, die hier gelehrt wurde, und der, die ich bisher kannte, ein Abgrund klaffte, der nicht nur die Moraltheologie betraf. Im Gespräch mit einigen meiner hervorragenden Professoren, besonders mit P. Viktor Schurr, fand ich Erleichterung, so daß ich nicht am Beruf scheiterte.

Und nicht nur, daß ich nicht scheiterte: Kurz nach meiner Priesterweihe kam der damalige Provinzialobere zu mir ins Zimmer. Es ging darum, die Schiffsfahrkarte nach Brasilien zu lösen. Es war mir damals nämlich seit langem zugesagt, daß ich dort als Missionar wirken dürfe und ich hatte mich auch durch das Studium des Portugiesischen darauf vorbereitet. Doch nun eröffnete mir der Provinzial, daß ihn das Professorenkollegium – nicht der genannte Moralist – hart getadelt hatte, weil er mich nach Brasilien schicken wolle. Ich sollte mich vielmehr in Moraltheologie spezialisieren. Ich wandte sofort dagegen ein, daß die Moraltheologie, so wie sie bislang gelehrt wurde, meine allerletzte Wahl wäre. Doch im Gehorsam würde ich es wagen. Der Obere antwortete: Man wolle ja gerade, daß sich da etwas ändere, und zwar gründlich. Und man vertraue darauf, daß ich zu dieser Veränderung beitragen könne! Mit diesem enormen Vorschuß an Vertrauen sagte ich Ja. Der »Vorschuß des Vertrauens« sollte in meiner Theologie wie in meinem Leben dann eine große Rolle spielen, und zwar im Blick auf das Heilshandeln Gottes: die zuvorkommende Gnade, der göttliche Vorschuß des Vertrauens, wurde ein Herzstück meiner Gesamtsicht und Theologie.

Dies ereignete sich im Frühjahr 1939. Schon im Herbst wurde ich zum Sanitätsdienst in die Wehrmacht eingezogen, also zum heilenden Dienst in unheilvoller Zeit. Kurz vor Weihnachten 1940 gelang es dem Professorenkollegium dank persönlicher Beziehung zu einem Generalarzt der Wehrmacht, eine Freistellung für mich zu erreichen. So dozierte ich für meine fast gleichaltrigen Mitbrüder von Januar bis Juli 1940 Moraltheologie. Auch angesichts der grausigen Probleme des Krieges und eines gottlosen Systems hätte ich es einfach nicht übers Herz gebracht, nach dem bisherigen Lehrbuch von Artnys-Damen zu lehren. So wagte ich, wenngleich mit Herzklopfen, einen ganz neuen Entwurf, dessen Zielpunkt im Schlußkapitel meiner Vorlesung deutlich wurde. Dieses heißt »Wahrheit im Glanz der Liebe«.

Professor Theodor Steinbüchel, ein Mann mit vielen Antennen, hatte zeitweise in Gars Zuflucht vor Verfolgung durch das Naziregime gefunden. Er gab mir dann für eine Dissertation das, wie er sagte, Jahrhundert-Thema der Moraltheologie: »Das Heilige und das Gute«

(Der gegenseitige Bezug von Glaube und Sittlichkeit). Ich sollte es ökumenisch anpacken. Dies versuchte ich dann auch mit viel persönlichem Gewinn. Ich wählte als Vertreter einer katholischen Sicht Max Scheler, für die Protestanten sollten sprechen: Schleiermacher, Rudolf Otto, Emil Brunner, daneben der protestantische Philosoph Kant und atheistische Phänomenologen aus der Schule Husserls, z.B. Nikolai Hartmann. Eine für mich faszinierende Aufgabe.

Im Herbst 1940 wurde ich jedoch wieder eingezogen. Nach einem Aufenthalt in Frankreich war ich vom Sommer 1941 bis Kriegsende an der Ostfront. Ich lebte mit dem Mut zum Ungehorsam in einem Spannungsfeld, in dem ich einen integrierten Heilsdienst auf allen Ebenen zu realisieren versuchte und als Sanitäter und Seelsorger da war sowohl für meine Kameraden wie auch für russische Soldaten und Zivilisten. Ich leitete Bibelabende mit evangelischen Freunden, hielt ökumenische Gottesdienste für verschiedene Wehrmachtseinheiten – trotz strengen Verbots –, und betreute nach Möglichkeit priesterlose orthodoxe Gemeinden seelsorglich. Diese Tätigkeiten wurden für mich ein prägendes Erlebnis. Eine tiefgreifende Erneuerung der Moraltheologie konnte auf dem Hintergrund dieser Erfahrungen für mich gar nicht anders als ökumenisch aufgefaßt werden.

Als ich wider Erwarten bereits im Herbst 1945 aus Polen zurückkam, wo ich einige Monate lang eine polnische Pfarrei betreut hatte, drängten meine Oberen, ich sollte unverzüglich in Tübingen, wo unterdessen Theodor Steinbüchel den Lehrstuhl für Moraltheologie inne hatte, das Studium wieder aufnehmen. Als mich Karl Adam in seiner Vorlesung sah, wartete er nachher auf mich und warnte mich, meine »kostbare Zeit in seinen Vorlesungen zu vergeuden«. Mehrere Male war ich bei ihm zu Gast. Früher hatte er mich bereden wollen, von Moral auf Dogmatik umzusteigen, da aus der Moral »doch nichts mehr zu machen sei«. Jetzt machte er mir Mut zu einer ökumenischen Moraltheologie. Ich besuchte Vorlesungen auch bei den angesehensten evangelischen Professoren: Köberle, Rickert und Thielicke. Auch mein Doktorvater Steinbüchel bekräftige meine ökumenische Berufung.

Im Juni 1947 promovierte ich bei Professor Steinbüchel mit dem Thema »Das Heilige und Gute«. Die unverändert veröffentlichte Doktorarbeit fand auch ökumenisch starke Resonanz. Und dies machte mir Mut.

Es war sicher providentiell, daß meine ersten Hörer junge Männer waren, die Krieg und zum Gutteil russische Gefangenschaft mitgemacht hatten. Sie bedeuteten für mich eine existentielle Herausforderung, eine Moral zu dozieren, die auf die brennenden Erfahrungen, Hoffnungen und Ängste unserer damaligen Zeit zu antworten suchte.

In die gleiche Richtung liefen die Anregungen, die ich während meiner Arbeit in den Flüchtlingsmissionen erfuhr. In den ersten Jahren meiner Lehrtätigkeit, in den Jahren, in denen das Manuskript für DAS GESETZ CHRISTI entstand, verbrachte ich etwa zehn Wochen jährlich in der Diaspora um Coburg und Ansbach, um den in bislang rein evangelischen Gegenden wohnenden katholischen Kriegs- und Nachkriegsvertriebenen eine Art Volksmission zu predigen, von Ortschaft zu Ortschaft, zum Teil als Gäste in evangelischen Kirchen, zum Teil in gemieteten Tanzsälen. Ich hatte vor Beginn meiner Mission sechzehn Predigtentwürfe ausgearbeitet. Doch kein einziger kam zum Zug. Denn in jeder Ortschaft besuchten wir zuerst alle katholischen Familien, um auf sie zu hören und sie zu verstehen. Die Predigt mußte also versuchen, ihnen, ihren Fragen, Sorgen, Erwartungen zu entsprechen. Dieses Hören auf die Menschen, zu denen ich sprach, half mir, in etwa von der abstrakten Schulsprache, die ich als Theologe gelernt hatte, wegzukommen. Es machte mir aber auch allmählich klar, daß unsere Moraltheologie und Moralverkündigung gerade auch den vom Leben schwer Geprüften gelten mußte. Die Diaspora-Situation hielt zudem mein ökumenisches Anliegen wach.

Ganz entscheidend wirkte sich auch meine römische Erfahrung anläßlich der Gründung der Academia Alfonsiana aus. Schon 1948 rief mich der Generalobere Bujs, ein Holländer, zu einer langen Besprechung anläßlich eines Besuchs in Deutschland. Dann lud er mich ein, ein Semester in Rom zu verbringen im Blick auf seinen Plan, eine Fachhochschule zur Heranbildung von künftigen Moralprofessoren zu gründen, aus einer Erfahrung heraus, die ihm und mir gleichermaßen auf den Nägeln brannte: Es war bis damals fast allgemein üblich, daß Ordensobere und Bischöfe aus aller Welt junge Priester nach Rom sandten, um Kirchenrecht zu studieren. Die ausgebildeten Kirchenrechtler wurden dann nach Abschluß ihrer römischen Studien häufig zu Lehrern der Moral ernannt. Es war uns klar, daß nicht das Kirchenrecht, auch nicht zusammen mit dem Zivilrecht, die geeignete Vorbildung für das Dozieren christlicher Ethik, wahrhaft katholischer Moraltheologie, sein könnte.

Nach langen Gesprächen bat mich nun der Generalobere, in einem Vortrag vor der Generalkonsulta und anderen Interessierten meine Anliegen bezüglich der Ausbildung künftiger Moraltheologen darzulegen. Ich drückte mich drastisch aus: Schluß mit dem gefährlichen Konkubinat mit dem Kirchenrecht, wobei die Moral notorisch unter den Pantoffeln des Rechts stand! Zurück zu einer ganzheitlichen Theologie, zu einer keuschen Ehe, in der das Wort Gottes den Weg zeigt, zu einem Glauben, der Frucht trägt in Liebe, Gerechtigkeit und Frieden! Ich betonte dann sehr die Bedeutung der Humanwissenschaften im ständigen Mühen um die geschichtsgerechte, der jeweiligen Kultur entsprechende Erkenntnis vom Menschen.

Zugleich benützte ich meine Zeit in Rom, um zu sehen, wie an den verschiedenen römischen Hochschulen Moral doziert wurde. Unvergeßlich bleibt mir eine Erfahrung an der Gregoriana. In einem riesigen Hörsaal dozierte P. Franz Xaver Hürth, einer der Hauptredakteure der Enzyklika *Casti connubii*, vor staunend aufmerksamen Hörern, in fließendem Latein. Ein Casus: Ein Priester kommt in eine priesterlose Gegend. Darf er da an einem Werktag binieren, d.h. zwei Messen feiern, wenn sonst eine ganze Gemeinde für lange Zeit keine Messe hätte? Ich höre Hürths entschiedene Antwort noch heute. Sie ging mir durch Mark und Bein: »Keineswegs! Denn es gab und gibt kein Gesetz, am Werktag eine Messe zu feiern. Also auch kein Grund zu einer Bination am Werktag!« Ich schaute herum und erwartete einen Aufruhr. Nichts dergleichen. Ein gelehriges Schwören auf das Wort der vatikanischen Autorität! Verblüfft verließ ich auf der Stelle den Hörsaal. Ich hatte als Bauernbub von meinem Vater gelernt, die Pferde nicht vom Schwanz her aufzuschirren. Ging es also sogar bei der Eucharistie nur um das Gesetz? In diesem Lichte las ich nun die Moralhandbücher, die nach den zahllosen Geboten und Gesetzen die Sakramente behandelten mit der Frage, welche Hilfe zur Erfüllung der Gesetze sie eigentlich anboten.

1950 begannen dann die ersten Kurse der Academia Alfonsiana, zunächst nur für Redemptoristen und einige holländische Weltpriester. In Absprache mit dem Ordensgeneral bot ich als erste Veranstaltungen an: 1. Ständige Bekehrung als Kerndynamik christlicher Moral. 2. Was kann katholische Moraltheologie lernen von orthodoxen und lutherischen Theologen? Der Kurs über Bekehrung als Kernbegriff der Moral kam bei allen Hörern gut an. Der andere Kurs fand zwar sehr großes Interesse, aber bei einigen auch große Verwunderung darüber, daß überhaupt nichts polemisch gegen diese Theologen anderer Kirchen gesagt wurde. Der Übergang von Kontroverstheologie zu ökumenischer Dialogtheologie war für sie zu abrupt. Ich bat meine Hörer, einige Vorlesungen am Biblikum bei Prof. Lyonnet zu hören, der gerade damals über das mich so brennend interessierende Thema Gnade und Gesetz bei Paulus dozierte. Meine Studenten stellten fest, daß wir den gleichen Tonfall, das gleiche Anliegen und den gleichen Akzent hatten.

Es kam mir sehr zugute, daß ich in den folgenden Jahren, in denen mein Werk *Das Gesetz Christi* Gestalt annahm, sowohl in Gars für die »alten Krieger« wie auch in Rom für künftige Professoren zu dozieren hatte. Ich fand von beiden Gruppen sehr viel Ermunterung.

Im Verlauf der Jahre wurde mir die Reziprozität zwischen dem vorherrschenden Kirchenbild einerseits und kirchlicher Moral andererseits immer deutlicher. Die Konzilserfahrung vertiefte und verlebendigte diese Gegenseitigkeit. Schon sehr früh wurde mir klar, daß die Hoffnung erweckenden Versuche einer Erneuerung der Moraltheologie durch Johann Michael Sailer, Johann Baptist Hirscher und Franz Xaver Linsenmann in Deutschland zum Scheitern verurteilt waren, weil sie sich zum einen ausschließlich im deutschen Milieu bewegten, vielmehr aber noch deshalb, weil ihnen der harte Kirchenkurs der Restauration ins Gesicht blies. Wollte man an der Erneuerung der Moral arbeiten, so genügte es nicht, darauf zu schauen, daß sie vom Wort Gottes her genährt würde – so wichtig das ist –, auch nicht, daß man alles tat, um den Menschen in seiner geschichtlichen, kulturellen und psychischen Verfaßtheit immer besser zu kennen, man mußte sich auch voll bewußt werden, daß die Moraltheologie der römischen Schule, der legalistischen Moralhandbücher ein genaues Spiegelbild der nachtridentinischen zentralistisch verfaßten Kirche waren. Gerade daran scheiterten die großen deutschen Erneuerer der Moraltheologie des letzten Jahrhunderts.

In meinem Werk *Das Gesetz Christi*, das schon vor dem Konzil in gut zehn Sprachen verbreitet war, stand ein ökumenisch orientiertes Kirchenverständnis wenigstens teilweise Pate. Es war aber auch noch sehr weithin ein Spiegelbild der damaligen römisch-katholischen Kirche, wie sie vor allem in Rom und von Rom aus geprägt war.

Ich habe in *Das Gesetz Christi* nichts geschrieben, was ich damals für falsch hielt; aber ich habe andererseits vieles, was ich für richtig hielt, nicht gesagt, weil es einflußreichen Kirchenmännern einfach zu viel zugemutet hätte. Dabei spielte aber auch die unbewußte Selbstzensur eine Rolle. Ich hatte noch nicht den Mut, allen diesbezüglichen Fragen direkt ins Gesicht zu schauen und sie mutig zu beantworten.

Das Konzil war bei mir wie bei vielen Theologen und Bischöfen ein Augenöffner, ganz besonders im Hinblick auf das Wechselverhältnis zwischen Kirchenbild (einschließlich Kirchenstruktur) und Moraltheologie. Die einflußreichsten Männer im und um das Heilige Offizium spürten spontan, daß mein »Gesetz Christi« nicht in ihr Kirchenverständnis passe und daß eine solche Moral nach einer gründlichen Überprüfung der Ekklesiologie und der Kirchenstrukturen rief. Als es diesen Männern nicht gelang, mich von der Vorbereitungskommission auszuschließen, waren sie unerbittlich entschlossen, mich von der Subkommission über Moral fernzuhalten, bis Papst Johannes XXIII. selbst eingriff.

Die zwei Entwürfe – 1. über die moralische Ordnung, 2. über Keuschheit, Ehe, Jungfräulichkeit –, die bereits vorlagen, als man mich zur Beratung mit heranziehen mußte, machten es mir sehr klar, welches Verständnis von Kirche sich hinter ihnen verbarg. Sie entsprachen genau den Entwürfen der vorbereitenden Kommission über die Kirche. Es war eine der ersten Arbeiten der Konzilskommission über Glaube und Moral, einen neuen Entwurf über die Lehre von der Kirche zu entwerfen. Er begann – wie dann in dem endgültigen Text von *Lumen gentium* – mit der Rede von der Kirche als dem wandernden Volk Gottes als Heilsgemeinschaft usw., und dann erst sprach der Text von den Diensten und Ämtern in der Kirche. Kardinal Ottaviani verkörperte in dieser Kommission das traditionelle Selbstverständnis Roms, als er mindestens dreimal mahnte: Ihr müßt zuerst über die Kirche und dann erst über die Untertanen der Kirche sprechen. Der spätere Kardinal Schröffer versuchte jedesmal, ihm klar zu machen, daß Papst und Vatikan doch auch zur Kirche, zum ganzen Volk Gottes gehören und nicht einfachhin allein Kirche sind und sein können.

II. Die Wende und der Motor des Aufbruchs – vorrangige Hinwendung zum Wort Gottes

Die epochemachende Wende der katholischen Moraltheologie ist gar nicht denkbar ohne die Erneuerung der Bibelwissenschaften. Unser Dank gehört einer ganzen Generation von Exegeten, die trotz aller Maßregelungen durch den Vatikan ihre absolute Treue gegenüber der Kirche durch die Ehrlichkeit und Gründlichkeit ihrer exegetischen Arbeit erwiesen haben und es so möglich machten, daß die Bibelwissenschaft unter Pius XII. ihre Bestätigung in der Enzyklika *Divino afflante Spiritu* erhielt.

Fritz Tillmann, dem unsere Generation von Moraltheologen sehr viel verdankt, hatte infolge des Drucks des Vatikans von der Exegese Abschied genommen, um sie in einer erneuerten Moraltheologie anwesend zu machen. Sein in Zusammenarbeit mit Theodor Steinbüchel und Theodor Müncker herausgegebenes Werk *Handbuch der katholischen Sittenlehre*[2] gab uns jüngeren Moraltheologen den Mut zum Umdenken. Tillmanns Werk erhielt deshalb so große Bedeutung, weil es sich nicht als Ersatz für die traditionellen Lehrbücher für Beichtväter anbot, sondern auf hohem Niveau und dennoch einfach die Sinnrichtung christlicher Moral darstellte. Er zeigte uns dabei klar – und hier wird deutlich, auf welche Weise Tillmann sich von der Exegese verabschiedete-, wie fruchtbar die sittliche Botschaft des Neuen Testamentes für das Leben sein konnte. Er konnte mit dem Rüstzeug wissenschaftlicher Exegese an die Bemühungen von Johann Michael Sailer und Johann Baptist Hirscher anknüpfen, deren Ziel es war, das volle Ideal des christlichen Lebens, eine Moral aufgrund des Evangeliums darzustellen. Ich versuchte auf diesem Fundament weiterzubauen und breitere Kreise dafür zu gewinnen, auch dadurch, daß meine Synthese zwischen dem Neuen bei Tillmann und Grundfragen der Moraltheologie der letzten drei Jahrhunderte nicht den

Eindruck eines radikalen Bruches erwecken sollte. Es ging also um einen nicht leichten Übergang mit all den Vorzügen und Nachteilen, die ein solcher allmählicher Wandel mit sich bringt.

Auch mein Schriftgebrauch in *Das Gesetz Christi* stellte sich irgendwie zwiespältig dar. Einerseits nahm ich von Tillmann und anderen geschätzten Exegeten die großen Linien der Heiligen Schrift auf, andererseits verfiel ich in Einzelfragen noch der alten Methode, die Schrift als Beweis für kirchliche Aussagen zu konkreten Einzelfragen zu benützen, ohne mir der ganzen Problematik dieses traditionellen Modells klar bewußt zu werden. Was nicht heißt, daß es mir dabei immer ganz wohl gewesen wäre. In den folgenden Auflagen suchte ich darum kritischer zu überprüfen, ob die Hl. Schrift wirklich das sagte, wozu ich sie als Beweis heranzog. Dieses Umdenken und eine entsprechende Anwendung war eine Heidenarbeit, die entmutigen, aber auch herausfordern konnte.

Auch an der Academia Alfonsiana wurde hinsichtlich der Schriftrezeption von Anfang an eine deutlich neue Richtung angegeben, indem ein Lehrstuhl für Neutestamentliche Exegese zu ihrem Bestandteil wurde. Ich selbst bestand darüber hinaus zäh auf die Errichtung und gute Besetzung eines Lehrstuhls auch für das Alte Testament, immer im Blick auf die Wende in der Moraltheologie. Viel half uns in diesem Zusammenhang auch die freundschaftliche Verbindung zum Bibelinstitut in Rom. Viele unserer Studenten hörten auch dort Vorlesungen. Im Professorenkollegium pflegten wir gerade in den Gründerjahren den ständigen Gedankenaustausch.

Das Konzil war für die Wende in der Moraltheologie von höchster Bedeutung. Ich meine jedoch, daß die dem Konzil vorausgegangenen Bemühungen um eine neue Moraltheologie ihrerseits halfen, im Konzil einem neuen Selbstverständnis der Kirche zum Durchbruch zu verhelfen. Dennoch ist es dem Konzil weitgehend zu verdanken, daß sich eine solche Wende der Moral in Tiefe und Breite festigen und durchsetzen konnte. Entscheidend sind dabei eben jenes Kirchenverständnis und jene Anstöße zu einer Reform der kirchlichen Strukturen, die in den beiden Kirchenkonstitutionen *Lumen gentium* und *Gaudium et spes* sorgfältig artikuliert sind, freilich nicht ohne einige bedenkliche Kompromisse mit der alten Schule.

Am deutlichsten spiegelt sich das Umdenken jedoch wohl im Dekret über den Ökumenismus wider. Da spricht sich nicht mehr eine Kirche aus, die meinte, in einer Art Zwingburg den vollen Besitz aller Heilswahrheiten und Moralweisungen gerade auch gegen die getrennten Teile der Christenheit verteidigen zu müssen. Die Zeit unfruchtbarer Kontroverse ist hier vorüber. Im Selbstverständnis der durch das Konzil erneuerten Kirche steht nun mehr in der Mitte das Anliegen ihres göttlichen Stifters, »daß alle eins seien«. Die Kirche will wieder »mit beiden Lungen atmen« (Paul VI.). Wir begreifen zudem wieder, daß die Spiritualität der Ostkirchen für uns unverzichtbar ist. Wir lassen uns durch ihre synodale Verfassung den Spiegel einer älteren, der ganzen Kirche eigenen Tradition und Verfassung vorhalten. Und ebenso wird uns die biblisch ausgerichtete christliche Ethik mit ihrem Anliegen der »Freiheit in Christus«, eines der großen Anliegen der reformatorischen Kirchen, zur Herzenssache.

Was nun die Erneuerung der Moraltheologie direkt betrifft, so zeigte sich in der Vorbereitungskommission für Glaube und Moral eine scharfe Konfrontation der römisch geprägten gesetzlichen Moraltheologie gegen einen Aufbruch und eine Wende ab. Die beiden schon genannten Dokumente »über die moralische Ordnung« und über »Keuschheit, Ehe und Jungfräulichkeit« waren hierfür bezeichnend. Als ich zur Mitarbeit herangezogen wurde und diese schon fertigen Entwürfe las, war es mir klar, daß es hier wirklich ums Ganze der Wende in der Moraltheologie und um noch viel mehr für das Selbstverständnis der Kirche ging. Ich nahm Punkt für Punkt dazu Stellung und konnte eine Vielzahl kleiner Modifikationen erreichen. Typisch für die Situation war ein eindringlicher Rat, den mir ein für die Erneuerung der Kirche aufgeschlossenes Mitglied der betreffenden Subkommission gab: Ich sollte lieber das Ganze, so wie es liegt, zunächst auf sich beruhen lassen; denn nur unter dieser Bedingung könnten wir zuversichtlich sein, daß diese Entwürfe im Konzil verworfen würden. Würden jedoch die anstößigsten Stellen durch unser Bemühen ausgemerzt, so könnte es leicht passieren, daß vielen Konzilsvätern nicht unmittelbar einleuchten würde, wessen Geistes Kinder diese Entwürfe seien. Sie wurden dann jedoch in einer gemilderten Form an die Teilnehmer des Konzils verschickt.

Ich hatte im folgenden dann Gelegenheit, vor einer großen Anzahl von Bischöfen, vor allem aus Afrika, dazu Stellung zu nehmen. Ich begann mit einem Wort von Paul Claudel: »Ja, Christus lieben wir! Doch nichts in aller Welt könnte uns bewegen, diese Moral zu lieben.« So kamen diese für die römische Engführung der Moraltheologie typischen Texte im Konzil selbst gar nicht mehr zur Sprache.

Als dann im Plenum über den Entwurf zum Dekret *Optatam totius* zur Priesterbildung abgestimmt wurde, ging ein Sturm von Petitionen ein, die forderten, es müsse ein klares Wort gegen eine legalistische Engführung in der Moralausbildung gesagt werden. Von der zuständigen Kommission erging an mich die Einladung, einen kurzen Text zu verfassen, der auf diese Petitionen antworten könne. Ich riet der Kommission, keine Verurteilungen gegen die traditionelle Moral der Römischen Schule auszusprechen, sondern legte einen konstruktiven Satz vor, der bei der folgenden Abstimmung im Plenum fast einhellig gebilligt wurde. Er steht in Nr. 16 des Dekretes: »Ebenso sollen die übrigen theologischen Disziplinen aus einem lebendigeren Kontakt mit dem Geheimnis Christi und der Heilsgeschichte neu gefaßt werden. Besondere Sorge verwende man auf die Vervollkommnung der Moraltheologie, die, reicher genährt aus der Lehre der Schrift, in wissenschaftlicher Darlegung die Erhabenheit der Berufung der Gläubigen in Christus und ihre Verpflichtung, in Liebe Frucht zu tragen für das Leben der Welt, erhellen soll. Ebenso lenke man bei der Behandlung des Kirchenrechtes und bei der Darlegung der Kirchengeschichte den Blick auf das Mysterium der Kirche ...«

Also nicht bloße Schriftbelege für ethische und kirchliche Normen, die Heilige Schrift muß in dem Gesamt ihrer Aussagekraft die Grundnahrung sein. Es geht um die Erhabenheit der Berufung in Christus; also ein deutlicher Hinweis auf die paulinische und johanneische Sicht des »Lebens in Christus«. Damit war der Blick offen für die neutestamentliche Sicht des »Geistesgesetzes des Lebens in Christus Jesus«, und »das Fruchttragen in Liebe«. Nicht der Normierer hatte hier das Wort, sondern die *Paraklese*, die Ermunterung in der Kraft des Heiligen Geistes, würdige Früchte der Bekehrung, des Lebens in Christus, hervorzubringen.

Es ist nicht bedeutungslos, daß in diesem Zusammenhang das Konzil auch eine Aussage über die Grundausrichtung des Kirchenrechtes machte. Dieses soll das Selbstverständnis der Kirche ausdrücken, wie es das Konzil darstellt.

Es darf auch nicht unerwähnt bleiben, daß die Moraltheologie im Prozeß ihrer Erneuerung sehr viel von der Konstitution *Dei Verbum* über die göttliche Offenbarung, insbesondere über das Verhältnis von Schrift und lebendiger Tradition empfing.

Lebensnähe und heilsgeschichtliches Denken werden vor allem durch die Pastoralkonstitution *Gaudium et spes* verlangt und deutlich gemacht.[3]

Unmittelbar nach dem Ende des Konzils druckte mein französischer Verleger die achte Auflage meines Werkes *Das Gesetz Christi* unverändert, ohne mich vorher zu informieren, mit der Bemerkung: »Da das Konzil Pater Häring recht gegeben hat, können wir einfach neu drucken.« Ich war darüber ernst erzürnt, denn in keiner Weise kam mir der Gedanke, nichts oder nur mehr wenig vom Konzil lernen zu müssen. Für die ebenfalls fällige deutsche achte Auflage machte ich mir große Mühe, den ganzen Text im Lichte des Konzils zu revidieren, vor allem auch im Hinblick auf den Schriftgebrauch. Viele Abschnitte wurden völlig neu geschrieben. Doch ich muß bekennen, daß ich trotzdem weithin nicht befriedigt war. Das Konzil hatte uns neue Horizonte geöffnet und uns auch den Mut gegeben, eine Lerngemeinschaft in Freimut zu werden. Erst um 1974 entschloß ich mich dann, im Lichte des Konzils und der nachkonziliaren Erfahrung eine neue Synthese zu wagen.

III. Hinwendung zum neuen Adressaten

Der Adressat der traditionellen Moral des römischen Typus war der Beichtvater, weithin verstanden als Beichtrichter. Diese Moral war eine klerikale. Der »Laie« stand im Visier als das »Beichtkind«, das im Bußsakrament und insgesamt im Leben der Kirche seine Richtlinien vom Priester empfängt.

Die Moraltheologie nach der Wende ist keine Beichtstuhlmoral, was durchaus nicht bedeutet, daß mit ihr die Bedeutung des Bußsakramentes oder besser des Sakramentes der Versöhnung herabgewürdigt würde. Doch das Sakrament steht nun in einem anderen Kontext.

Im Anschluß an J. M. Sailer, der im Untertitel eines seiner Werke feststellt, daß er sich nicht nur an Theologen, sondern ebenso auch an gebildete Laien wende, gab ich meinem Werk *Das Gesetz Christi* den Untertitel: »Moraltheologie dargestellt für Priester und Laien«. Heute halte ich den Ausdruck »Laien«, der sich damals gegen den alten Klerikalismus richtete, nicht mehr für besonders geglückt. Es geht schlechthin um den Christen in der Gegenwart, den Christen in Welt und Kirche, um den »mündigen Christen«.

1. Auf wen hört der Moraltheologe?

Diese Frage geht der anderen, nämlich der nach dem Adressaten der Moraltheologie, unbedingt voraus. Es braucht nicht mehr gesagt zu werden, daß Grundvoraussetzung jeglicher Theologie das Hören auf das Wort Gottes ist. Doch wir kommen im Hinhören auf das Schriftwort nicht weit voran, wenn wir nicht auch auf der horizontalen Ebene Hörende sind.

Ich selbst war zunächst ein Hörender im Kreis meiner Familie. Dort klafften Wort und Leben nicht auseinander. Es gab ein lebensvolles gegenseitiges Hinhören. Die Eltern haben auch unsere Fragen ganz ernst genommen. Immer noch klingt in meinen Ohren oder besser in meinem Herzen ein oft gehörtes Wort meiner Mutter. In der Zeit nach dem Ersten Weltkrieg gab es bei uns viele Bettler. Kam einer kurz vor der Essenszeit, so hörte ich die Mutter freundlich sagen: »Heute bist du unser Gast.« Und dieser Satz kam durchaus nicht von oben herab.

Später, als ich in Rußland war und den Leuten, so gut es ging, auch als Priester diente, fragte ich eine junge Lehrerin, wie man ihr das Jesus-Gebet erklärt habe. Sie gab mir folgende Erzählung wieder: »Zu Beginn des Advents sagte Piotr zu seinen Kindern: ›Am Heiligen Abend wird uns Jesus besuchen.‹ Darauf die Frage: ›Wie schaut er aus?‹ – ›Das weiß ich nicht. Es könnte aber sein, daß ihr blind seid und ihn nicht erkennt. Darum betet ohne Unterlaß: Jesus, Sohn Davids, Jesus Gottessohn, hab Erbarmen mit mir. Laß mich nicht blind sein.‹ Am Heiligen Abend klopft jemand an der Tür. Piotr rennt und öffnet. Ein häßlicher Geruch dringt in den Raum. Hier steht ein Bettler in Lumpen und voller Geschwüre. Piotr empfängt ihn voll Ehrfurcht, wäscht und verbindet seine Wunden und Geschwüre und kleidet ihn neu. Er setzt ihn an den Tisch und bedient ihn. Da kommen seine Kinder und fragen: ›Papa, wann kommt denn Jesus?‹ Da weint Piotr: ›Kinder, seid ihr immer noch blind. Habt ihr recht gebetet?‹«

Sind wir nicht bereit, im geringsten unserer Brüder und Schwestern Christus zu ehren, werden wir seine Frohbotschaft für die Armen, für uns Arme, nie recht verstehen. Der Moraltheologe muß besonders auch auf jene hinhören, die vor der Welt ohne Stimme zu sein scheinen. Seine Moral wird Verkündigung für die Verachteten, die Ausgegrenzten, die »Unreinen« verschiedenster Art, wenn er mit dem Herzen, in der Liebe Jesu, bei den Kleinsten, den Verachteten, Unterdrückten, Ausgebeuteten ist. Schreibt er eine Moral für die Gebildeten, so ist sie nur christlich in dem Maß, als er mit den Augen Jesu auf die Geringsten schaut und sie in seiner Rede immer mitmeint.

Selbstverständlich hört der katholische Moraltheologe auf den Papst, aber nicht im Sinne einer isolierten Stimme. Er wird um so mehr auf ihn hören, als er, der Papst, wirklich Stimme des Bischofskollegiums, ja auch Stimme des ganzen Gottesvolkes ist. Und dabei sollte der Papst zugleich auch Vorbild sein im Hinhören auf die Stimme Jesu, indem er vorrangig den Schrei der »Geringsten« vernimmt.

Der Moraltheologe findet zielsicher seine Adressaten und vermag sie wirksam anzusprechen, wenn er sich ständig vom Lehramt der Heiligen, der Friedensstifter, der heilend Gewaltfreien ansprechen läßt und diese Menschen seinen Lesern und Hörern wirklich zu Gehör bringt. Jeder Moraltheologe muß zwar seine höchsteigene Verantwortung tragen, aber er tut es nur richtig im lebendigen Dialog mit der Gemeinschaft der Moraltheologen über sein Land hinaus und im Gespräch mit der gesamten Theologie, so weit ihm die Teilnahme an diesem Gespräch möglich ist.

2. Wer sind seine Adressaten?

Direkte Adressaten der moraltheologischen Rede können Priester und zukünftige Seelsorger sein. Aber der Moraltheologe wird keine Moral allein im Blick auf die Menschen, denen pastorales Handeln widerfährt, verfassen. Er sollte auch und gerade an die Verantwortung derer denken, die Autorität in Kirche und Welt ausüben, die also die Akteure des pastoralen Handelns sind oder in sonstiger Weise Verantwortung für andere tragen. Gute Theologen des Mittelalters und der beginnenden Neuzeit haben »Fürstenspiegel« geschrieben, um das Gewissen der Fürsten zu schärfen. Neben der allgemeinen Moral, die das Wesentliche für alle sagen will, bedarf es darum einer Berufsethik für Ärzte und alle im heilenden und pflegenden Dienst tätigen, für Politiker, für Juristen und die Frauen und Männer, die sich der verschiedenen Medien der Kommunikation bedienen, ohne daß sich dabei der Horizont verengen darf. Von Moraltheologen und Ethikern verlangt diese Weite des Horizontes, daß sie Frauen und Männer mit vielen »Antennen« sind. Es muß ihnen bei aller Spezialisierung immer auch ums Ganze gehen.

Strebt der Moraltheologe ernst nach dieser Weite und Nähe zu den Menschen, dann wird er nie zum geistlosen »Normierer« werden. Er wird mit dem Wachsen der Weite und Nähe zunehmend um seine eigenen Grenzen wissen. Er wird immer weniger dazu neigen, ein »Absolutist« zu sein, ohne freilich einem leeren Relativismus zu verfallen. Sobald er aufhört, ein Hörender und Lernender zu sein, hat er jedoch seinen Beruf verloren; die Geschichte, das wirkliche Leben geht über ihn hinweg oder an ihm vorbei. Er verfehlt seine Adressaten in dem Maß, als er nicht fortwährend bemüht ist, selbst Adressat aller Menschen zu sein.

IV. Wende von Gesetz und Gebot zum »Geistgesetz des Lebens in Christus«

Die traditionellen Handbücher des römischen Typs der Moraltheologie haben nie die Notwendigkeit der Gnade geleugnet. Doch sie haben im ganzen Aufbau und in der Akzentsetzung das Gesetz der Gnade vorgeordnet. Letztere tauchte hauptsächlich auf in der Perspektive als Gnadenmittel: Gnade war notwendig, um das Gesetz zu beobachten.

In einer wahrhaft christlichen Moral sind dagegen die Gnade und das Geschenk der Freiheit, zu der Christus uns befreit hat, dem Gebot und Gesetz absolut vorgeordnet. Gnade und Freiheit sind Quelle, Sinnmitte und Ziel. Das bedeutet nicht eine Schwächung von Gesetz und Ordnung. Sieht man nämlich das Gesetz ganz und gar von der Gnade und der Herrlichkeit des *Bundes* her, so hat es einen anderen Stellenwert. Paulus, der so mächtig gegen eine Vergesetzlichung der Heilsverkündigung kämpft, preist das »Geistgesetz des Lebens in Christus Jesus« (Röm 8,2). Die Gnadenmacht des Heiligen Geistes befreit nicht nur von jeder Knechtschaft unter menschlichen Gesetzen und Zwängen, sondern weist uns vor allem den Weg in der Nachfolge Jesu, der Leben, Wahrheit, Weg und Ziel unseres Lebens ist. Es gilt die radikale Andersheit des Gesetzbegriffes zu sehen. Wenn Paulus vom »Gesetz Christi« spricht (Gal 6,2), so meint er vor allem die aus der Kraft des Heiligen Geistes mögliche Erfüllung des Auftrags Christi, einander so zu lieben, wie er uns geliebt hat.

Es geht also in diesem neutestamentlichen Gesetzeswort bzw. Gesetzesbegriff ganz eindeutig um das Sein in Christus, verstanden als das wahre Freisein. Paulus spricht zu Christen, die sich bewußt sind, in Christus Jesus zu sein und zu leben (Röm 8,1). Über sie hat die eingefleischte Selbstsucht keine Gewalt mehr: »Denn das Geistgesetz des Lebens in Christus Jesus hat dich frei gemacht vom Gesetz der Sünde und des Todes« (Röm 8,2). Frei durch Christus und mit Christus sind wir befreit von der Todesmacht der Unheilssolidarität (hamartia).

Für die biblische und heilsgeschichtliche Wende der Moraltheologie ist auf diesem Hintergrund ein Doppeltes grundlegend: erstens die Entlarvung totbringender in Knechtschaft und Angst treibender Gesetzlichkeit, zweitens mehr noch die klare Herausstellung der befreienden und heilenden Macht des »Geistgesetzes in Christus Jesus«.

Wir stellen uns im folgenden der Doppelfrage: Wovon und wofür hat Christus uns befreit? Ich versuche die Antwort sowohl im Blick auf das Neue Testament als auch im Blick auf Grunderfahrungen der Wende in der katholischen Moraltheologie und der besonders dringlichen Anliegen von heute.

1. Befreit von der Faszination durch auferlegte Gesetze

In seiner Enzyklika *Veritatis Splendor* gibt Papst Johannes Paul II. eine stattliche Liste von absolut und ausnahmslos schwer verpflichtenden Verboten, ohne Anspruch auf Vollständigkeit. Zwar haben in der nachtridentinischen Moral durchaus nicht alle Moralisten so eindeutig die absolute Ausnahmslosigkeit moralischer Gesetze betont. Aber die Zahl der unter schwerer Sünde verpflichtenden Gesetze und Verbote war enorm. Kam dann noch massive Drohung mit Höllenstrafe für jede mehr oder weniger freiwillige Übertretung dazu, so konnte sich nicht nur ein enormes, lähmendes Angstpotential entwickeln, sondern die gesamte verfügbare Aufmerksamkeit der Christen war durch diese Vielzahl bedrohender Gesetze und Verbote so fasziniert und völlig mit Beschlag belegt, daß kaum mehr schöpferische Energien für konstruktives, befreiendes und heilendes Handeln verfügbar waren.

Das Problem war jedoch nicht nur die bloße Vielzahl von Verboten und Gesetzen, deren Übertretung angeblich das Heil gefährdete.

Es war noch viel mehr die faszinierende Akzentuierung vor allem auf dem rituellen und sexuellen Sektor.

Die sich in den letzten vierzig Jahren vollziehende Wende der Moraltheologie legt die Akzente völlig anders. Der Jünger und die Jüngerin Christi sollen beglückt und fasziniert sein von den Seligpreisungen und von den erhabenen Zielgeboten. Sie sollen ständig neu ermuntert werden (*Paraklese*!), sich von Christus, dem Weg, der Wahrheit und dem Leben, begeistern zu lassen. Sie sollen dabei wissen, daß man von niemandem auf einmal den ganzen Weg verlangt, sondern nur den jeweils möglichen und hilfreichen Schritt. Die Hauptsache ist, daß die Richtung stimmt und immer klarer wird.

2. Mehr als um Meidung gewisser Sünden geht es um die Befreiung aus der Unheilssolidarität zur Heilssolidarität

Bei den für die Wende der Moraltheologie kennzeichnenden Ausführungen über die Grundentscheidung (Fundamentaloption), die in *Veritatis splendor* gründlich mißverstanden wird, geht es zunächst nicht um die Beurteilung von Einzelakten. Es geht vor allem nicht um ein individualistisches Freiheitsverständnis, sondern ganz im Gegenteil um die Entscheidung zur Heilssolidarität in Christus und mit allen Menschen. Und da reicht es nicht, sich einfach einmal zu entscheiden. Zur befreienden Grundentscheidung gehört ihre stets wachsende Einwurzelung im Gesamt der Gesinnungen und Wertungen. »Denn die Liebe Christi drängt uns, sobald wir dies zum Maßstab genommen haben: Einer ist für alle gestorben – also sind alle gestorben. Er ist dazu für alle gestorben, daß sie in ihrem Leben nicht mehr für sich leben, sondern für den, der für sie gestorben und auferstanden ist« (2 Kor 5,14-15).

3. Es geht nicht nur um meine Freiheit, sondern um die Befreiung aller

Wer nur an seine eigene Freiheit denkt, ist und bleibt ein Sklave der Selbstsucht und anfällig für alle kollektiven Formen der Versklavung, eben weil er für den Sklavenstand der Individualisten optiert hat. Sind wir demnach von Christus befreit von der Knechtschaft der Sünde, so heißt das, daß wir befreit sind *für* das Reich der Liebe und des Friedens. Es heißt insbesondere, daß wir in der Nachfolge des gewaltfreien Gottesknechtes auf allen uns zugänglichen Ebenen für die heilende und befreiende Entfeindungsliebe leben.

Wer kirchliche Dokumente und moraltheologische Veröffentlichungen auf ihre Treue zum Aufbruch hin untersuchen will, der frage zuerst und vor allem, welchen Stellenwert die heilende und befreiende Gewaltfreiheit einnimmt. Ich habe z.B. selbst den gesamten neuen Katechismus für die katholische Kirche danach gelesen und durchforscht. Das Ergebnis war wenigstens für mein Denken nicht befriedigend. Man findet sie nicht als durchhaltendes Leitmotiv.

4. Es geht immer um beides: um Befreiung und Heilung

Betroffen vom Evangelium der Freiheit in Christus werden wir immer deutlicher inne, daß wir weder ganz frei noch ganz heil sind. Setzen wir uns radikal für die befreiende und heilende Botschaft des Evangeliums ein, so werden wir uns immer klarer, daß wir bestenfalls »verwundete Heiler« sind, selbst der Heilung und Befreiung bedürftig. Das heißt aber keineswegs, daß wir uns abseits stellen sollten, bis wir ganz heil und frei sind. Im Gegenteil: nur in unserem solidarischen Einsatz – in einem mutigen und zugleich demütigen Einsatz – sind wir auf dem rechten Weg zu eben der Freiheit und jener Heilsfülle, für die Christus uns befreit hat.

5. *Frei von lähmender Angst, frei für Vertrauen*

Man mag insgesamt zu E. Drewermann stehen wie man will, aber niemand kann an seiner Warnung vor angsterzeugender Religion einfach vorbeigehen. In fast allen Religionen, einschließlich des katholischen Christentums, bestand und besteht die Versuchung, die Mitmenschen durch starke Angstmotive zur religiösen und sonstigen Gleichschaltung zu »zwingen«. Es gehört zu den satanischen Versuchungen, den Namen Gottes und Christi dazu zu benützen, um Menschen vor allem durch Angstgefühle gefügig zu machen, und sei es auch Gefügigkeit für vornehme Aufgaben.

Gewiß, es gibt eine »Furcht Gottes«, die heilsam und heilend sein kann. Aber es muß, wie Augustinus sagt, eine »keusche Furcht« sein. Er vergleicht die keusche Furcht einer Gattin, doch ja nicht ein begründetes Mißfallen des Gatten hervorzurufen, mit der »unkeuschen Furcht« einer untreuen Gattin, die nur Angst hat, entlarvt bzw. bestraft zu werden. Die alte, engstirnige Beichtstuhlmoral mit ihren Hunderten von Todsündendrohungen zusammen mit schallenden Höllenpredigten hat viele Menschen in Angstneurosen getrieben und auf dem Weg des Guten gelähmt. Für die Christen weckt die Befreiung von Furchtsamkeit, Angst und quälender Sorge um das eigene Heil neue Dimensionen der Freiheit, Befreiung und Heilung, einen neuen Elan für eine dankbare und hochherzige Liebe.[4]

Eine durch Lehre, Strukturen und Verhalten eingeimpfte Angstneurose und eine damit zusammenhängende Erwartungsangst blockieren allzu oft den Weg in die wahre Freiheit; ja sie wirken sich sogar sehr behindernd aus in der Beobachtung der verbietenden Gebote selbst. Man kann sich kaum genug wundern, daß gewissen fanatischen Vertretern der alten Kasuistik diese Zusammenhänge trotz allen Fortschrittes der Humanwissenschaften völlig unbekannt zu sein scheinen. Sind sie so sehr »eingeschossen« auf veraltete, eingefahrene Bahnen?

Befangenheit in der Angst vor einem erschreckend drohenden Gott erstickt zugleich auch in Kirche und Gesellschaft die heilenden und befreienden Kräfte des Freimuts, von der z.B. die Apostelgeschichte so beredt und begeistert berichtet.

Viele Feindschaften und sogar grausamste Kriege haben ihre Ursache wenigstens zum Teil in unheiler Furcht, in Angst und Mißtrauen. Setzt Religion selbst in hohem Maß auf Angstgefühle und Schuldkomplexe, so beraubt sie sich, auch wenn sie noch so viele Friedensappelle verlautbart, der Erfüllung ihrer vornehmen Aufgabe für Friede und Versöhnung.

6. Frei von Zaghaftigkeit, ermächtigt zum Freimut

Die Freiheit, für die Christus uns befreit hat, zeigt sich in der Urkirche in einem erstaunlichen Freimut nach dem Vorbild des göttlichen Meisters. Freimut ist eines der deutlichsten Kennzeichen des Pfingstereignisses, der Ausgießung des Heiligen Geistes, von der Petrus schon am Pfingstfest so anschaulich redet: »Und ich will über meine Knechte und Mägde von meinem Geist ausgießen« (Apg 2,18).

Ohne einen pfingstlichen Freimut ist die »Neu-Evangelisierung«, die fortdauernde Heilsverkündigung in einer rasch sich wandelnden Welt und in Kulturen, in denen die Manipulierer alle Furchtsamen, Charakterlosen, geistig Uniformierten in den Sack stecken können, nicht denkbar. Betreiber einer Restauration alter moraltheologischer Konzepte mit dem Ziel weitestgehender Uniformität, denen abweichende Ansichten und selbständiges Denken und Reden die große Gefahr zu sein scheint, müßten hier den Atem anhalten.

Ich glaube, vielen Ängstlichen, die es um der Sicherheit willen lieber mit den Restauratoren als mit Strömungen wie der Befreiungstheologie halten, könnte vielleicht geholfen werden, wenn ganz deutlich würde, daß wahre Befreiung stets Hand in Hand geht mit Heilung und heilender Gewaltfreiheit, die nun einmal ohne Freimut nicht denkbar ist.

7. Frei von zentralistischer Kontrollsucht, frei für Kollegialität

Die Kirche des II. Vatikanischen Konzils versteht sich als Sakrament der Einheit, des Friedens, der Kooperation auf den Wegen des Heiles. Die Kirche muß darum gerade auch in ihren Strukturen und strukturell bedingten Beziehungen ein Gesundbrunnen, ein Modell heiler und heilender Beziehungen, eine hohe und allen verständliche Schule der Beziehungstherapie sein.[5]

8. Von der Versuchung des Zentralismus

Zentralistische Herrschaftsformen zeigen nach dem Ausweis der Geschichte eine hohe Anfälligkeit für unkontrollierte Machtausübung, die alles andere unter Kontrolle halten will. Absolute Herrscher und Diktatoren kompensieren die innere Unsicherheit und die stets anwesende Angst, sie könnten ihre absolute Macht verlieren, durch die ständig zunehmende Zusammenballung der Macht in ihren Händen. Sie brauchen dafür willfährige Beamte, Vollzugspersonen mit weitgehenden Machtkompetenzen. Das wiederum verstärkt auch für diesen engeren Kreis die Angst um Macht und Einfluß. Mit dem Aufkommen der absolutistisch organisierten Großstaaten, z.B. in Mesopotamien, Ägypten, im Großreich Alexanders des Großen und der Diadochen oder im Römerreich gehen Zentralismus und Neigung zu kriegerischer Expansion Hand in Hand. Das Gewaltmonopol in einem einzigen Machtzentrum neigt zu Machtmißbrauch und Gewalttätigkeit.

Auch im Blick auf das Papsttum gingen zunehmender Zentralismus und Verwicklung in die Machtkämpfe der irdischen Reiche vielfach Hand in Hand. Hexenverfolgung und die Scheiterhaufen der Inquisition gingen nicht ursprünglich vom Papsttum aus. Sie sind Folgen kollektiver Angstneurosen und dementsprechender Mittel der Machtsicherung. Die Entmachtung der Päpste als Herren des Kirchenstaates durch Garibaldi und dem nach staatlicher Einigung strebenden italienischen Staat wurde leider dennoch von der Kirchenführung nicht sogleich als Entlastung und Befreiung verstanden. Nicht wenige haben vermutet, daß die zentralistische Auslegungen des Jurisdiktionsprimats und der päpstlichen Unfehlbarkeit als eine Art Kompensation für den nicht verschmerzten Verlust der irdischen Macht teilweise eine Erklärung finden. Unabhängig davon hat sich heute die feste Überzeugung durchgesetzt, daß die Kirche kein irdisch-politischer Machtfaktor sein soll und daß sie sich auch in keiner Weise auf ihrem eigenen religiösen Gebiet nach der Art zentralistischer, absolutistischer Herrschaftsformen organisieren soll. Klare geschichtliche Einsichten über das Verhältnis der allmählichen Zentralisierung der römisch-katholischen Kirche zu dem absolutistischen Staatsgebilde Frankreichs in der Zeit des Exils in Avignon im Gesamtkontext der konstantinischen Machtstrukturen und Verwicklungen legen nahe, daß es sich um eine allzu weltliche Assimilierung handelte, mit vielen weitreichenden Folgen, die sich weit über bloße kirchliche Strukturen hinaus auswirkten und zum Teil heute noch zäh halten. Klerikalismus und ein naives Denken in Machtideologien gingen Hand in Hand. Das Auftauchen der Bettelorden um Franziskus von Assisi und den hl. Dominikus war ein prophetischer, liebevoller und gewaltfreier Protest, der jedoch bedauerlicherweise nur zum Teil verstanden und befolgt wurde.

9. Das Modell der geschwisterlichen Urkirche

Es ist selbstverständlich, daß sich eine Weltkirche nicht bis ins Kleinste und ins Einzelne der Strukturen hinein an das Modell der Urkirche halten kann. Doch das Idealbild der geschwisterlichen Urkirche, ihrer kollegialen und subsidiären Strukturformen muß immer wieder neu erinnert und als Korrektiv gegenüber ganz entgegengesetzten späteren geschichtlichen Entwicklungen in Erwägung gezogen werden.

Wie vorsichtig ging Petrus zu Werk in der Wahl des Matthias an die Stelle von Judas! Petrus ergriff die Initiative. Er sah die Notwendigkeit. Doch die Vorschläge bezüglich der geeigneten Personen kamen von der ganzen Gemeinde. Und schließlich sollte die Entscheidung zwischen den zwei Vorgeschlagenen nicht durch ein Machtwort des Petrus, sondern durch das Los getroffen werden. Ähnlich kollegial ging es später bei der Einführung von Diakonen und der Wahl geeigneter Personen vor sich. Hier ereignete sich weise Führung ohne den geringsten Schatten des Herrschenwollens über die anderen.

Auch das Verhältnis der Urkirche von Jerusalem zu den von Paulus und anderen Aposteln gegründeten Schwesterkirchen war ausgesprochen kollegial, dialogisch und geschwisterlich in voller Gegenseitigkeit.

10. Eines der Kernprobleme: die Bischofsernennungen

Ein Jahrtausend lang dachte kein Papst – kein Bischof von Rom – daran, es stehe in seiner Vollmacht, allüberall Bischöfe zu ernennen. Die Ernennungen oder besser die Wahl erfolgten nach dem Grundprinzip der Subsidiarität, es sei denn, daß Kaiser und andere weltliche Herrscher sich illegitim einmischten. Auch im Investiturstreit unter Gregor VII. ging es im wesentlichen nicht um zentralistische Absichten des Papstes, sondern um die Unabhängigkeit der Kirche, vor allem der Bischöfe, von weltlichen Machtinteressen.

Rom entwand den katholischen Kaisern und Königen die oft sehr gefährliche Einmischung in kirchliche Rechte durch Vorschlag oder gar Ernennung von Bischöfen, die dem Thron weithin hörig waren. Die Päpste haben hier grundsätzlich die Eigenständigkeit des kirchlichen Bereichs schützen wollen. Gerade dadurch aber wurde letztlich die Zuständigkeit der Ortskirchen immer mehr beschnitten und zurückgedrängt.

Heute sollte allein schon die Zahl der jährlich zu wählenden bzw. zu ernennenden Bischöfe eine entschlossene Rückkehr zu einer durchsichtigen Subsidiarität nahelegen.

11. Risiken der kirchlichen Machtzusammenballung

Setzen wir einmal die Hypothese von einer unglücklichen Papstwahl – es gab ja deren mehrere im Verlauf der Geschichte – und die weitere Hypothese, daß ein solcher Papst 25 Jahre ganz nach seinem Stil regiert, sich seine hörigen Mitarbeiter auswählt und alle Bischofsernennungen ebenso wie die Kardinalsernennung und die Auswahl der Theologen nach seinen Kriterien vornimmt! Jede unglückliche Bischofsernennung durch Rom fällt auf das Ansehen des Papsttums und auf das Vertrauensverhältnis zwischen Rom und den Lokalkirchen zurück. Es genügt hier, an die Ernennung des Nachfolgers von Helder Camara zu erinnern.

Solche zentralistischen Diktate sind aber alles andere als ein Modell für heile und heilende Beziehungen und Strukturen. Zentralismus fördert, je ausgeprägter er ist, Kontrollmechanismen, die mit Angst und Mißtrauen einhergehen. Der Geist der Verantwortung, der auf allen Ebenen herrschen und heile Beziehungen begünstigen sollte, kommt unter dem Zentralismus, je stärker dieser ist, um so mehr zum Erliegen.

Zentralistische Kontrolle über ganze Teile der Weltkirche setzt ein allzu stabiles Selbstvertrauen der Kontrolleure voraus oder fördert es. Steht nicht hinter allen zentralistischen Bestrebungen schon unvermeidlich ein mangelndes Vertrauen, daß der Geist Gottes in allen und durch alle wirken will?

V. Kollegialität und Subsidiarität

Viele wachsame Katholiken haben aufgehorcht und sind erschrocken, als die Presse anläßlich einer Bischofssynode berichtete, der *circulus latinus*, das heißt das Gesprächsforum der Kurienkardinäle und ihrer engsten Mitarbeiter, habe sich äußerst kritisch gegen die Anwendung des von der Kirche in ihrer Soziallehre so nachhaltig eingeschärften Subsidiaritätsprinzips auch als grundlegendes Ordnungsprinzip in der Kirche geäußert. In den Akten über die Ergebnisse der Synode konnte man dann lesen: Man möge studieren, ob das Prinzip der Subsidiarität auch für die Verfassung der Kirche gelte. Nun ja, solange man das Problem nur studiert, kann man die Anwendung der Subsidiarität stornieren und beliebig blockieren. Wie steht es dann aber mit der Glaubwürdigkeit einer solchen Kirche und ganz besonders ihrer Soziallehre?

Ohne Respektierung des Subsidiaritätsprinzips gibt es keine wirklich funktionierende Kollegialität. Gegenüber Tendenzen, die die Konzilsaussagen über diese Kollegialität einseitig zugunsten eines unbegrenzten Zentralismus päpstlicher »Regierung« auslegen möchten, vermerkt schon Karl Rahner energisch: »Wird nicht *praktisch* die Autorität und Initiative des Kollegiums zu einer bloß verbalen Fiktion, wenn sie jederzeit ›frei‹ vom Papst in ihrer Auswirkung unterbunden werden kann? Es braucht nicht lange erklärt zu werden, daß diese zweite Frage wohl die entscheidende Frage in einem ökumenischen Gespräch über den Primat und die synodale Struktur der Kirche ist«.[6]

Es geht in der Frage der Anwendung des Subsidiaritätsprinzips als Strukturmaxime der Kirche wirklich um das Ganze: um die Geschwisterlichkeit in höchstmöglicher Gelehrigkeit gegenüber dem Heiligen Geist, um die unersetzliche Lernbereitschaft des gesamten Pilgervolkes, um das Höchstmaß an Lern- und Hörbereitschaft bei jenen, die die größte Verantwortung in der Kirche tragen.

VI. Der Paradigmenwechsel: von der Gehorsamsethik zu der Verantwortungsethik

Der betonte und konsequent durchgehaltene Paradigmenwechsel von einer einseitigen Gehorsamsethik für die »Untertanen« der Kirche zu einer mutigen Veranwortungsethik für mündige Christen ist eines der Hauptkennzeichen der Wende der Moraltheologie in den letzten vier Jahrzehnten. Diese Wende ist im Konzil vor allem in der Pastoralkonstitution festgeschrieben. Die Frage der praktischen und theoretischen Anerkennung der Verantwortungsethik gegenüber der Gehorsamsethik ist in meinen Augen das deutlichste Schibboleth, das Erkennungszeichen der echten Wende einer erneuerten Moraltheologie, gerade auch im Hinblick auf die Befürworter einer Restauration der Moraltheologie alten Typs.

Eine echte Verantwortungsethik umgreift, reinigt und adelt den Gehorsam. Dabei geht es vor allem um den Glaubensgehorsam, das heißt um das ehrliche, glaubensbereite Hören auf Gottes Wort, um das gemeinsame Bemühen im Hinhören und Hinblicken auf die Zeichen der Zeit. Die Verantwortungsethik gestaltet sich und bewährt sich in der Gegenseitigkeit des Gehorsams, des Aufeinanderhörens. Jene sind am geeignetsten zu Führungsämtern in Gesellschaft und Kirche, die am besten und mit feinstem Gespür auf die anderen hinhören und sich in sie einfühlen können. Das lateinische Wort *ob-auditus fidei* für Glaubensgehorsam bringt schon rein sprachlich das Hinhören als Grundmodus des wahren Gehorsams zum Ausdruck. Dieses Hinhören ist auch die Wurzel der Verantwortungsfähigkeit. Wie kann einer lebenswahr und mit seiner ganzen Existenz antworten und Verantwortung tragen, wenn er nicht echt hinhören kann?

Wer nicht selbst hinhört, auf den wird man letztlich auch nicht hören. Gehorsam und Verantwortung sind, wenn sie echt sind, ganz und gar auf Gegenseitigkeit angelegt.

Eine wissenschaftliche Verantwortungsethik wird bei der Normenbegründung und Normenüberprüfung unvermeidlich gerade den voraussehbaren Folgewirkungen einer entsprechenden Norm hohe Aufmerksamkeit schenken. Man nennt das die *teleologische* Seite der Normenbegründung. Traditionelle Teleologie hat nichts zu tun mit einem Nützlichkeitskalkül. Aber sie muß doch auch angesichts der allgemeinen Norm wie auch angesichts des konkreten Handelns hinschauen, ob und wie ein solches Tun dem Gesamtwohl der einzelnen und der Gemeinschaft »nützt«, d.h. zugutekommt. Trägt eine Norm bei zum Gedeihen von Friede, gegenseitigem Vertrauen, solidarischem Handeln, zum Reifen des Charakters und dergleichen? Deontologische Normenbegründung hebt die allgemeinen Normen z.B. des Naturrechts hervor, aber selbst diese können nicht voll verstanden werden, ohne auf das »télos«, das Sinnziel der Norm selbst zu achten. Verlöre man das Ziel aus den Augen, würde auch die Deontologie zum Mechanismus und dem bloßem Sklavengehorsam dienen.

Ich habe den neuen Weltkatechismus eingehend auf diese Sicht hin überprüft. Es ist nicht zu leugnen, daß stellenweise die Wende zu einer echten Verantwortungsethik mitvollzogen oder wenigstens nahegelegt wird. Aber in nicht wenigen Punkten formuliert der Katechismus doch noch eine Moral nur für die Untertanen, »die unter dem Gesetz und der Autorität stehen«, nicht aber gleicherweise für jene, die Autorität in der Kirche inne haben.

Ein höchst bezeichnendes Beispiel dafür ist die sogenannte Sonntagspflicht. Der Katechismus lehrt kategorisch, daß jedes einzelne schuldbare Versäumen der Messe an Sonntagen und anderen gebotenen Feiertagen »eine schwere Sünde« ist (2181). Dagegen wird nicht einmal die Frage aufgeworfen, welche Sünden die höchsten Autoritätsträger der Kirche begehen, die z.B. durch die absolute Bindung der Priesterweihe an die Zölibatsverpflichtung einer Mehrheit von ganzen Gemeinden und von Einzelchristen die regelmäßige Mitfeier der

Eucharistie unmöglich machen, weil es zu wenige Priester gibt. Tausende von katholischen Gemeinschaften sind doch aus diesem Gesetzesgrund keine wahrhaft eucharistischen Gemeinschaften, obwohl sie es sein möchten. Was sind die Folgen für das christliche Leben?

In seiner Enzyklika *Veritatis splendor* zeigt Papst Johannes Paul II. ein völliges Unverständnis gegenüber teleologisch begründender Moraltheologie. Und eben diese gehört zu den Grundzügen einer ausgesprochenen Verantwortungsethik. Dabei ist natürlich klar, daß eine vorwiegend teleologisch ausgerichtete Moraltheologie sich weithin der äußeren Kontrolle entzieht, während eine rein deontologisch argumentierende Moral, die zudem den Akzent auf universell gleichlautende und geschichtlich unveränderliche Forderungen des sogenannten natürlichen Gesetzes setzt, sich für die Kontrolle durch die kirchliche Autorität gut eignet.

VII. Die Wende in der Moraltheologie und die Krise des Bußsakramentes

Die Krise des Bußsakramentes, die man in der Kirche überall beklagt, hat nichts oder wenig mit der Wende und dem Aufbruch in der Moraltheologie zu tun. Selbstverständlich muß gesehen werden, daß die Moraltheologie nach dem II. Vatikanischen Konzil keine »Beichtmoral« mehr ist. Sie ist eine Lebensmoral, die vom Sakrament der Versöhnung, des Schalom, sehr viele Antriebe erhalten kann, jedoch nicht über den Weg einheitlicher Kontrolle.

Nach meiner Erfahrung trug zur Verschärfung der Krise des Bußsakramentes bei, daß in der alten Beichtpastoral der Bogen überspannt wurde. Ich habe viele Hunderte von Beichten gehört, in denen mir der Pönitent bzw. die Pönitentin erzählte, daß sie seit Jahren nicht mehr gebeichtet haben, weil die Absolution wegen der sogenannten Sünde des sogenannten »Ehe-Onanismus« verweigert wurde: Durch den Einfluß vor allem des hl. Alfons von Liguori wurde fast durch zwei Jahrhunderte die Frage nach dem abgebrochenen Verkehr vom klugen Beichtvater nicht gestellt. Die Enzyklika Casti connubii (1930) dagegen verlangte kategorisch eine solche Kontrolle. Es wurde von Eheleuten einfach verlangt zu versprechen, Kinder anzunehmen »wie sie kommen«. Die meisten Pönitenten, die schon eine beachtliche Kinderzahl hatten, lehnten das innerlich ab. Nun hatte man sich zu entscheiden. Erste »Lösung«: man versprach, im Sinne der Enzyklika zu handeln, obwohl man wußte, daß man dieses Versprechen nicht halten werde, und man wurde absolviert. Zweite Möglichkeit: man sagte dem Beichtvater ehrlich, daß man keine weiteren Kinder wünsche, und »gehorsame« Beichtväter verweigerten, wenn auch mit blutendem Herzen, die Absolution. Eine nicht geringe Gruppe entschied sich für eine dritte Lösung: bis zum Eintritt der Menopause nicht mehr zu beichten. In diesem Fall schlossen sich die meisten auch selbst von der Kommunion aus.

Gerade an diesem Punkt wird nun deutlich, wie wenig in der alten Moraltheologie die geschichtliche Dimension des sittlichen Verhaltens berücksichtigt blieb. »Man« hielt sich an den augustinischen Satz, jeder eheliche Akt müsse auf Zeugung ausgerichtet sein, wenn man nicht, wie Alfons von Liguori den Mut hatte, den Satz selbst grundsätzlich in Frage zu stellen und diese Frage der Gewissensentscheidung der Eheleute zu überlassen. Bis zu einem gewissen Grad konnte dieses Festhalten an der augustinischen Maxime dabei jedoch sogar Sinn machen: Bis fast in unsere Zeit hinein brauchte die Menschheit, um das Überleben zu garantieren, ein Maximum von Geburten. Heute dagegen ist die Sachlage eher umgekehrt: die Menschheit braucht um ihres Überlebens willen auf diesem ökologisch gefährdeten Planeten eine weitgehende Geburtenkontrolle bzw. Empfängnisregelung. Dazu kommt noch, daß heutige Theologie und Anthropologie die augustinische Aussage als falsch erkannt haben. Jeder eheliche Akt soll Liebe, Einheit und Treue in der Ehe fördern. Nur wenige eheliche Akte können und sollen auf Zeugung zielen.

Dieses Beispiel ist jedoch nur ein Faktor, freilich ein besonders typischer, zur Erklärung des Umstandes, daß eine überzogene und unsinnige Kontrolle in der Bußpastoral den Grund bildete für eine radikale Abwendung der Menschen vom Sakrament der Versöhnung und damit für die heutige Krise des Bußsakramentes.

Hinzu kommt eine andere historische Entwicklung: Das Bußsakrament kam in seiner »Verwaltung« (ein schrecklicher Ausdruck, aber so hieß es) gerade auch im Kontext der Auseinandersetzung mit der Reformation zu einer ganz neuen, geschichtlich bestimmten Gestalt. Sie spiegelte das gesamte Selbstverständnis der Kirche wider, wie es sich nach den Kirchentrennungen herausgebildet hatte. Westliche Theologie sah im »Beichtvater« immer einseitiger den *Richter*, der genau um Zahl und Art der schweren Sünden wissen mußte, um die rechte Buße aufzuerlegen und von den Sünden freisprechen zu können. So wurde die Beichte zum besonders sprechenden Symbol einer richtenden und kontrollierenden Kirche.

Daß in einer solchen Atmosphäre in der Beichtpastoral auch noch Gutes entstehen konnte, ist wesentlich Alfons von Liguori zu verdanken. Er hatte den Mut, sich weitgehend dem Verständnis der orthodoxen Ost-Kirchen in bezug auf das Sakrament der Heilung und Versöhnung anzuschließen. Dort wurde fast durchweg klar unterschieden zwischen dem Institut der öffentlichen Buße einerseits und der Feier des heilenden Lobpreises der Barmherzigkeit Gottes. In dieser fruchtbaren Sicht beschreibt Alfons in vielfacher Variierung die Rolle des Beichtvaters so: Er soll vor allem ein Spiegelbild der Barmherzigkeit des himmlischen Vaters sein und so anleiten zu Erfüllung des Zielgebotes: »Seid barmherzig wie euer himmlischer Vater.« Er soll ein eindrucksvolles Abbild Christi, des göttlichen Arztes, sein und die heilende Liebe mit der Verkündigung der Versöhnung verbinden. Dann erst kommt die Rolle des »Richters«, aber vor allem so verstanden: Er soll selbst die Gabe der Unterscheidung pflegen und dazu anleiten. In diesen Perspektiven soll er dann dazu ermuntern, das ganze Leben im Lichte des Liebesgebotes zu betrachten.

Die Krise des Bußsakramentes wird heute nur in dem Maße überwunden, als im Selbstverständnis der Kirche und in ihrer Moralverkündigung das Beispiel und die Normativität des leidensbereiten demütigen Gottesknechtes, der uns durch sein Beispiel, sein Wort und seine Gnade die heilende, gewaltfreie und machtvolle Entfeindungsliebe lehrt, allen sichtbar und spürbar wird. In dieser Sicht kann und wird das Sakrament des messianischen Schalom, der Versöhnung, des Friedens und des Heiles neue Gestalt annehmen müssen. Dabei werden zweifelsfrei die gemeinsamen Feiern und die individuelle Feier sich gegenseitig ergänzen können. Immer aber muß vom Sakrament in all seinen Gestalten die Dynamik der Seligpreisung ausgehen: »Selig die Friedensstifter; sie werden Söhne/Töchter Gottes genannt.« »Selig die Gewaltfreien«, die in heilender Liebe aus Feinden Freunde machen!

Die nachtridentinische Praxis des Bußsakramentes, die sowohl für das Selbstverständnis der Kirche einschließlich all ihrer Strukturen wie für den römischen Typus der Moral symptomatisch war, hatte unleugbar schwere Schattenseiten. Sichtbar wird das nicht nur an den oben skizzierten Beispielen, sondern auch an der in der Geschichte der Christenheit einmaligen Explosion von Skrupulosität. Um der Vergebung und des Heiles sicher zu sein, mußte man ja alle schweren Sünden nach Art und Zahl beichten, samt allen die Art verändernden Umständen. Die Moralhandbücher hatten einen so reichlichen Katalog von hoher Kompliziertheit, daß zur Ängstlichkeit neigende Pönitenten, zumal wenn sie auf einen ungeschickten Beichtpriester stießen, nie mehr aus der Frage herauskamen, ob sie wirklich alle schweren Sünden gebeichtet hätten.

Der neue Katechismus der Katholischen Kirche ist in der Auflistung der schweren Sünden noch recht umfänglich, da es ihm nach dem Willen des Papstes vor allem um die Vollständigkeit all dessen geht, was zu glauben und was als moralische Pflicht anzusehen ist. Er ist hierin freilich nicht so exzessiv wie die älteren Moralhandbücher. Er drückt zudem klar die Tatsache aus, daß es im Verständnis und in der Gestalt des Bußsakramentes im Verlauf der Geschichte eine reiche Vielfalt gab (Nr. 1447). Der Katechismus gibt zwar keine klaren Linien für eine mögliche Lösung der Krise, doch es finden sich neue Töne und Perspektiven. Das Bußsakrament wird behandelt unter der Überschrift »Sakramente der Heilung« neben der Krankensalbung (Nr. 1421). »Bekenntnis« wird in der Sicht des Lobpreises der Heiligkeit und Barmherzigkeit Gottes gedeutet (N. 1442), was in die Nähe der ostkirchlichen Sicht rückt. Eine konkrete Aussage über eine Neugestaltung findet sich noch nicht, obwohl erste Schritte des Suchens nicht fehlen. Meines Erachtens könnte eine lange andauernde und weit verbreitete mittelalterliche Praxis des Westens hilfreich sein: Mehrmals im Jahr wurde von Bischöfen, Äbten usw. die Generalabsolution in gemeinschaftlicher Bußfeier erteilt, jedoch mit der Auflage, daß »schwere Sünden« in der Einzelbeichte zu bekennen sind. Das Entscheidende in diesem Modell ist die Erklärung, was denn schwere Sünden seien. Schwer sind nämlich die Vergehen, die »*et quidem criminalia*« sind; es geht also um solche Sünden, die zugleich Verbrechen sind. Diese wurden genau umschrieben. So entstand nicht der unnötig quälende Skrupel, was alles noch zu beichten wäre.

Eine heutige Bußpastoral, die sich diese alte Praxis zu eigen machen könnte, würde zeit- und heilsgemäß die gemeinsame Feier mit der starken Akzentuierung der Heilssolidarität und der Sünden, die besonders dagegen verstoßen, und die persönliche Beichte als Lobpreis der Barmherzigkeit Gottes und stets zu vertiefender Verpflichtung auf Friede, Versöhnung, heilende Liebe und Gerechtigkeit verbinden. Damit wären auch ein Pfeiler der ökumenischen Versöhnung mit der Orthodoxen Kirche, eine Annäherung an die Sicht der reformatorischen Kirchen und Weichen für die Inkulturation im Hier und Heute aufgewiesen.

VIII. Christliche Ethik im ökumenischen Dialog

Einer der deutlichsten Schwachpunkte des katholischen Ökumenismus seit dem Konzil liegt im Mangel des Dialogs über heikle Probleme der Morallehre. Das ist von hoher Bedeutsamkeit, weil meines Erachtens die ökumenische Wende, der ökumenische Aufbruch und die Wende in der Moraltheologie für die katholische Kirche heute zusammenhängen, und zwar sehr vielfältig. Eine Begrenzung des ökumenischen Dialogs auf rein »dogmatische« Fragen wäre ein gewaltiger Rückschritt, gerade weil die atemberaubende, glückliche ökumenische Wende und die Wende der Moraltheologie zutiefst zusammenhängen und in dieser Gegenseitigkeit auch die Frage des Selbstverständnisses und der Strukturen der katholischen Kirche hautnah betreffen.

Die Kirchentrennungen zwischen der byzantinisch-katholischen Ostkirche und der römisch-katholischen Kirche und die Spaltungen im Gefolge der Reformation spiegelten und verfestigten sich in der römischen Kirche in einem Typ von Moraltheologie, den es vorher nie gegeben hat und der im Raum aller anderen Kirchen einfach unvorstellbar wäre. Die synodale Verfassung, die sakramentale Spiritualität, die Vorrangigkeit der Pneumatologie im ganzen Lebensverständnis, die therapeutische Sicht der oikonomía (Hausvater-, Hausmutter-Haltung Gottes, die sich im Umgang mit dem Gesetz widerspiegelt) in den Ostkirchen und das paulinische Freiheitspathos in der reformatorischen Ausprägung der christlichen Ethik mußten im Legalismus sowie im Zentralismus und der Kontrollverzahnung der römisch-katholischen Moraltheologie eine unüberwindbare Hürde in bezug auf eine Wiedervereinigung, ja sogar schon im Blick auf eine Versöhnung sehen.

Es war für mich eine persönliche Freude, als ein anglikanischer Erzbischof in der »London Times« seine Überzeugung äußerte, daß meine moraltheologische Arbeit diese Hürde weitgehend beseitigt habe. Selbstverständlich wäre es naiv, eine solche Wende einfach mir allein zuschreiben zu wollen. Es war der Kairós, das Heilsangebot der Stunde, der viele bedeutende Theologen sowohl auf dem Gebiet der Exegese und Dogmatik wie auch auf dem Felde der christlichen Ethik auf die Spur jener Erneuerung lenkte, die dem ökumenischen Grundanliegen dienen sollte. Bei mir, aber sicher nicht bei mir allein, stand dieses Anliegen als Leitmotiv ganz oben. Die Moraltheologie im deutschen Sprachgebiet hatte Ansporn und Modelle in großen Theologen des letzten Jahrhunderts. Zu nennen sind vor allem Johann Michael Sailer; Johann Baptist Hirscher; der Moraltheologe von Freising, Magnus Jocham, der durch seine sakramentale Sicht Brücken zu den Ostkirchen baute; Franz Xaver Linsenmann, der große Tübinger in der zweiten Hälfte des letzten Jahrhunderts, der bewies, daß das paulinische Modell des gnadenhaften Freiheitspathos auch in der katholischen Kirche beheimatet sein könnte.

Die Bedeutung des II. Vatikanischen Konzils kann in diesem Zusammenhang sowohl für die ökumenische Bewegung wie für die Erneuerung und Wende der Moraltheologie gar nicht hoch genug eingeschätzt werden. Zu dem schon bislang Gesagten verweise ich auf die Herausarbeitung der Lehre vom mündigen Christen in der Kirche. Die Überwindung des Klerikalismus, die noch keineswegs endgültig ist, ist höchst bedeutsam für das Leben aller Kirchen und ihrer Versöhnung wie auch für die Herausarbeitung einer heilsgeschichtlich fruchtbaren Moraltheologie.

1. Die Situation nach dem Konzil

Mit dem Konzil entstand eine ungeheure Dynamik in der Theologie, gerade auch in bezug auf die Morallehre. In Deutschland konnte das Erbe der großen Moraltheologen des letzten Jahrhunderts nun endlich »rezipiert« und fruchtbar gemacht werden. Es zeichnete sich eine bislang kaum vorstellbare ökumenische Zusammenarbeit ab. Noch während des Konzils erhielt ich Einladungen für Gastprofessuren an den bedeutendsten evangelischen Fakultäten in den USA. Genannt seien nur das Union Theological Seminary an der Columbia-Universität in New York und die Yale-Universität. Dort wurde mir nach Ablauf meiner Gastprofessur die Errichtung eines permanenten Lehrstuhls für katholische Moraltheologie im Blick auf Ökumenismus angetragen. Den Lehrstuhl erhielt dann eine katholische Ordensfrau, Margaret Farley, die wie so manche anderen katholischen Theologen bei dem evangelischen Professor James Gustafson promoviert hatte, der als Brückenbauer für eine wahrhaft ökumenische christliche Ethik einmalig viel geleistet hat.

In Deutschland entstanden sehr bald bedeutsame moraltheologische Werke in ökumenischer Zusammenarbeit, so z.B. das dreibändige, von dem evangelischen Konzilsbeobachter Johann Chr. Hampe herausgegebene Werk mit dem bezeichnenden Titel *Autorität der Freiheit. Gegenwart und Zukunft des Konzils*[x]. Wie kaum eine andere Veröffentlichung beleuchtet auch das dreibändige *Handbuch der christlichen Ethik*, das von Anselm Herz, Wilhelm Korff, Trutz Rendtorff und Hermann Ringeling herausgegeben wurde, den enormen Fortschritt.

Der evangelische Theologe Wolfgang Nethöfel würdigt die nachkonziliäre ökumenische Arbeit in seinem Buch *Moraltheologie nach dem Konzil: Personen, Programme, Positionen*[x]. Ohne Polemik, vornehm und wohlinformiert zeigt er hier deutlich, daß die Zeit der sterilen Kontroverstheologie vorbei ist. Die Konvergenzen übertreffen die Unterschiede. Wir leben in einer fruchtbaren Lerngemeinschaft, in versöhnter Verschiedenheit und erstaunlicher Verwandtschaft. Was *Gaudium et spes* über die Solidarität der Christen mit allen nach Wahrheit und Verantwortung strebenden Menschen ausgesagt hat, gilt in ganz besonderer Dichte nun für die ökumenische Zusammenarbeit auf dem Gebiet der christlichen Ethik: »Durch die Treue zum Gewissen sind die Christen mit den übrigen Menschen verbunden im Suchen nach der Wahrheit und zur wahrheitsgemäßen Lösung all der vielen moralischen Probleme, die im Leben der einzelnen wie im gesellschaftlichen Zusammenleben entstehen« (GS 16). Der Berufsstand der katholischen wie der evangelischen Moraltheologen weiß heute freudig, daß uns nicht nur das allen Menschen ins Herz geschriebene Sittengesetz, sondern noch mehr der gemeinsame Glaube an Christus und sein Evangelium verpflichtet, gemeinsam nach einer stets tieferen und geschichtsmächtigen Kenntnis des »Geistgesetzes des Lebens in Christus« zu suchen.

Dabei unterscheidet sich der katholische Moraltheologe vom evangelischen christlichen Ethiker durch seine Hörbereitschaft auf das kirchliche Lehramt. Beide wissen sich aber eingebettet in den Glaubenssinn des Volkes Gottes. Beide legen Wert auf das ökumenische Gespräch der Kirchenleitungen.

2. Die Kluft zwischen der Ebene der Theologie und der Hierarchie

Seit dem Konzil vollzieht sich ein fruchtbarer Dialog zwischen den Vertretern der Kirchenführungen in fast allen Grundfragen der Glaubenslehre, die mit der Aufgabe der christlichen Einheit zu tun haben. In all diesen Dialoggruppen kommen hochqualifizierte Theologen zum Zug. Als schwierig hat sich das Dialogprogramm dort erwiesen, wo es um die Frage der kirchlichen Ämter und die kirchlichen Strukturen geht. Doch auch hier haben sich Fortschritte abgezeichnet. Sehr heikle Probleme zeichnen sich dagegen im ökumenische Dialog in all den Fragen ab, in denen die Moraltheologie zur Diskussion steht, die ja auch innerhalb der katholischen Kirche – vor allem zwischen dem obersten Lehramt und den Fachtheologen – Anlaß zu ernsten Spannungen gegeben hat und immer noch gibt.

Die heißen Eisen liegen durchweg auf dem Gebiet der Sexualmoral, und hier vor allem im Bereich der Fragen der Empfängnisregelung und der Pastoral der Geschiedenen. Es fehlt nicht an ausgezeichneten Monographien, die diese Probleme in ihren ökumenischen Dimensionen angehen und so, wie ich und viele andere hoffen, fruchtbare Vorarbeit für eventuelle amtliche Dialoge leisten. Es geht jeweils um ein gründliches Kennen der alten und neuen Konvergenzen und Divergenzen. Gerade in diesen Fragen besteht teilweise eine scheinbar unüberwindliche Kluft zwischen der Kirchenleitung einerseits und den Theologen und weiter Kreise der Gläubigen andererseits.

3. Zur ökumenischen Brisanz der Frage der Empfängnisregelung

Einer der angesehensten englischen Moraltheologen, Kevin I. Kelly, hat ein vorbildliches Buch über die Problematik eines katholisch-anglikanischen Dialogs in Fragen der Bioethik geschrieben: *Life and Love. Towards a Christian Dialogue on Bioethical Questions**. Das Buch ist – abgesehen von der hohen wissenschaftlichen Qualität – auch insofern interessant, als nun in England auch auf offizieller Ebene der katholisch-anglikanische Dialog diese Fragen zum Gegenstand hat, die Kelly in seinem Buch thematisiert.

Die anglikanische Kirche hatte ähnlich wie die reformatorischen Kirchen insgesamt den augustinischen Rigorismus mitgeschleppt. Es gab dort ähnlich wie in der katholischen Kirche dann lange ein Schwanken zwischen der streng augustinischen Position, wonach ehelicher Verkehr nur durch die Ausrichtung auf Zeugung sittlich gut werde, und der Duldung pastoral-pragmatischer Positionen ähnlich wie bei Alfons von Liguori. Nach langjährigem Disput entschied dann 1929 die Lambeth-Konferenz offiziell: Kontrazeption im eigentlichen Sinn wurde moralisch als erträgliche Notlösung anerkannt, allerdings unter Angabe einer Reihe von für eine sittliche Entscheidung zu beachtender Kriterien. Dies zu beachten ist für den ökumenischen Dialog bedeutsam, weil im folgenden Jahr durch Rom ein scharfer Gegenschlag erfolgte. Pius XI. fühlte sich verpflichtet, gegenüber der anglikanischen Kirchengemeinschaft und ähnlichen Bestrebungen in anderen reformatorischen Kirchen die strenge Richtung der kirchlichen Tradition, die auf Augustinus fußt, einzuschärfen. Seine Enzyklika *Casti connubii* stufte die Kontrazeption ausdrücklich auch als Verbrechen ein. Es heißt sogar: »Ein anderes Verbrechen ist auch die Abtreibung.«

In der von Papst Paul VI. eingesetzten Kommission zu Fragen der Bevölkerungspolitik, die in großer Mehrheit für eine klare Revision von *Casti connubii* stimmte, machten Vertreter der Minorität leidenschaftlich geltend, es sei undenkbar, daß der Heilige Geist mehr bei der anglikanischen Lambeth-Konferenz als beim Römischen Papst wirksam werden könne. Diese sonderbare Haltung zeigt an, wie schwierig gerade in dieser Frage der Übergang von einer Kontroverstheologie zu lernbereitem interkonfessionellem Dialog besonders auf der amtlichen Ebene war und ist.

Kevin Kelly macht in seinem oben genannten Buch deutlich, welch großer Unterschied zwischen einem ökumenischen Dialog auf der Ebene der Fachwissenschaftler einerseits und einem amtlichen

Dialog andererseits besteht. Ein entscheidendes Problem entsteht hier, wenn katholischerseits nur die amtlichen Äußerungen Roms, nicht aber auch der Standpunkt der überwiegenden Mehrheit der katholischen Fachwissenschaftler vertreten sein darf. Dieses Dilemma muß in seiner ganzen Schärfe gesehen werden: Wie werden Schwesterkirchen im amtlichen Dialog reagieren, wenn entweder nur Konformisten die katholische Kirche vertreten oder wenn hochqualifizierte Vertreter ohne eigene Überzeugung nur den Standpunkt Roms darlegen dürfen?

Der nicht-amtliche Dialog geht weiter, während innerhalb der katholischen Kirche der Dialog zwischen dem Vatikan und den Theologen stagniert. Es geht um die ernste Frage der »Rezeption« päpstlicher Lehren durch das »Volk Gottes«, näherhin auch durch die theologischen und humanwissenschaftlichen Experten, und andererseits um die päpstliche »Rezeption« des Ertrages der theologischen Arbeit einschließlich der ökumenischen Aspekte.

Eines müssen wir wohl beachten: Man kann auf keiner Ebene den ökumenischen Aufbruch, ja die ökumenische Bekehrung, die sich im II. Vatikanischen Konzil vollzogen haben, echt »rezipieren«, ohne den Standpunkt der orthodoxen und reformatorischen Schwesterkirchen in so lebensentscheidenden Fragen wenigstens ernst zu nehmen und auch im innerkirchlichen Dialog einzubringen. Der aufrichtige innerkirchliche und der ökumenische Dialog gehören unzertrennbar zusammen.

4. Unauflöslichkeit der Ehe und Pastoral der Geschiedenen

Der ökumenische Dialog ist besonders komplex in der Frage nach dem Sinn der Unauflöslichkeit der Ehe und in bezug auf die Pastoral der Geschiedenen, deren Zahl infolge der ungeheueren kulturellen Veränderungen erschütternd hoch ist und noch anzuwachsen scheint. Auch ist der ökumenische Dialog hier auf dem Hintergrund der vielen Mischehen ganz besonders dringlich. Bahnbrechend auf diesem Feld ist das Gespräch zwischen der orthodoxen Kirche in den USA und der dortigen katholischen Bischofskonferenz. Es ist ein Modell ökumenischer Lerngemeinschaft im gemeinsamen Dienst an Heil und Heilung der Betroffenen. Einen unschätzbaren Dienst hat dem erhofften Dialog in dieser Frage auch eine gründliche Studie durch Gabriele Lachner geleistet: *Die Kirchen und die Wiederheirat Geschiedener*[10], Paderborn 1991. Die Situation innerhalb der katholischen Kirche ist zudem zutreffend dargestellt durch die Moraltheologin an der Yale-Universität, Margaret Farley: *Divorce, Remarriage und Pastoral Practice.*[11] Frau Farley kommt zu dem Ergebnis: »Die vergangenen 25 Jahre haben innerhalb der römisch-katholischen Kirche bedeutsame Veränderungen in bezug auf Glaube und Praxis hinsichtlich Ehescheidung und Wiederheirat gesehen. Diese Veränderungen zeigen sich deutlich in den Schriften von Moraltheologen, in der Praxis der Ehegerichte, in der Sichtweise und den Urteilen einer wachsenden Zahl von Personen, die sich als treue Glieder der katholischen Kirche betrachten. Die Bejahung der Veränderungen unter den Theologen ist nicht einstimmig, doch sie ist verbreitet genug, um zuverlässig als Einstellung einer klaren Mehrheit bezeichnet zu werden« (S. 213).

Auf der Würzburger Synode der westdeutschen Diözesen und ähnlich auf der Römischen Bischofssynode 1980, aus der das Apostolische Schreiben *Familiaris Consortio* hervorging, wurde der Papst eindringlich gebeten, studieren zu lassen, ob nicht die katholische Kirche manches aus der ununterbrochenen Praxis der Orthodoxen Kirche in bezug auf die Pastoral der Geschiedenen übernehmen könne.

Durch den ökumenischen Aufbruch und die Zusammenarbeit der Theologen aller Kirchen sind alle in der Lage, Gottes Willen auch in dieser so schmerzlichen Frage besser zu erkennen, in einem Miteinander und Füreinander aller Teile der noch immer getrennten Christenheit. Die drei hochangesehenen Bischöfe der Oberrheinischen Kirchenprovinz, Karl Lehmann, Oskar Saier und Walter Kasper haben diesbezüglich in ihrer Arbeit *Zur seelsorglichen Begleitung von Menschen aus zerbrochenen Ehen, Geschiedenen und wiederverheirateten Geschiedenen* behutsam gangbare Wege aufgezeigt:

Die wichtigsten Gesichtspunkte, die sowohl für das ökumenische Gespräch als auch für eine künftige Seelsorge zu beachten wären, sind folgende: Der Akzent in der Hl. Schrift in Fragen der Ehemoral liegt nicht auf dem Verbot der Wiederheirat Geschiedener, sondern auf dem Scheidungsverbot, das verlangt, daß alles Menschenmögliche getan wird, daß Ehen gelingen und dauern sollen. Die Hl. Schrift und das Gesamt der christlichen Traditionen weisen für die Pastoral der Geschiedenen gangbare Wege, die freilich eine hohe Unterscheidungsgabe verlangen. Entscheidend ist meines Erachtens, daß seit dem Konzil auch in der römisch-katholischen Kirche die Ehe nicht mehr als Vertrag, sondern als sakramentaler Bund anzusehen ist. Wäre der Ehevertrag als solcher das Sakrament, so könnte er auch nach erlittener Scheidung noch als Schwert über den Köpfen der Betroffenen hängen. Ist dagegen die Ehe radikal als Lebensbund und Heils-Sakrament anzusehen, dann kann ein Verharren im Ehebund nicht gefordert werden, sobald eindeutig klar ist, daß eine konkrete Ehe nicht nur nicht dem Heil und heilen menschlichen Beziehungen dient, sondern geradezu zerstörerisch wäre. Denn es gilt: »Im Frieden seid ihr berufen« (1 Kor 7,15).

Gerade diese überaus schmerzlichen und bedrängenden Probleme zeigen, wie sehr der innerkirchliche Versöhnungsprozeß, der geduldige Dialog und der Abbau des Mißtrauens gerade auch von der ökumenischen Wende verlangt und schließlich auch ermöglicht werden wird. Der ökumenische Dialog kann in dem Maße, als er ernst und demütig durchgehalten wird, auch sehr viel zum innerkirchlichen Frieden beitragen. Die unvermeidlichen Spannungen müssen mit christlicher Geduld durchgehalten werden.[12]

Es ist meine feste Überzeugung, daß die ökumenische Wende in der ganzen Christenheit einen ganz großen Gnadenanruf Gottes darstellt. Kein Teil der getrennten Christenheit kann innerlich in hohem Maße gesunden ohne Treue zum ökumenischen Aufbruch, ohne entschlossenes Eintreten in die ökumenische Lern- und Bekehrungsbereitschaft und ein festes Verharren in den ökumenischen Bemühungen. Dies setzt nicht nur Weisheit voraus, sondern verlangt auch große Geduld und einen Vorschuß an gegenseitigem Vertrauen. Das Kirchenverständnis, einschließlich kirchlicher Strukturen, und das ständige Mühen um Erneuerung und Vertiefung der Moraltheologie gedeihen am harmonischsten im unablässigen Blick auf unsere ökumenische Berufung. Darum glaube ich, daß wir angesichts aller Kirchenkrisen hier ansetzen und am Ball bleiben müssen.

IX. Ständige Inkulturation

Eines der heikelsten Themen in der römisch-katholischen Kirche ist die Frage der Inkulturation, der Einwurzelung des christlichen Glaubens in andere Kulturräume. Auch die anderen christlichen Kirchen der westlichen Welt tun sich in diesem Problemkreis äußerst schwer. Ein Beispiel für viele: in Afrika, wo der Tanz das halbe Leben ist, verboten baptistische Missionäre das Tanzen radikal und mit größtem Nachdruck.

In mein Denken rückte diese Dimension der Erneuerung durch eine Rezension meines Werkes *Das Gesetz Christi* durch den bekannten Missiologen Thomas Ohm. Nach einem übertriebenen Lob fügte er die Warnung bei: »Noch viel zu eurozentrisch«. Ich wurde hellwach und begann zu fragen. Mein Umgang mit meinen Kollegen, Freunden und Studenten aus aller Welt verstärkte den Eindruck, daß in Treue zum Auftrag Christi, alle Völker zu evangelisieren, ein Umdenken und eine ganz große Anstrengung gemacht werden müßten, damit sich der Glaube an Christus, den Heiland der ganzen Welt, in jedes Menschen Herz und in jede Kultur einwurzeln könne. Es kam mir zugute, daß ich diesbezüglich eine ganze Reihe von Doktorarbeiten von hochbegabten Studenten aus anderen Erdteilen zu betreuen hatte. Wie weit sollte ich ihren Mut in Richtung auf eine Einwurzelung der christlichen Moral in ihrer Kultur bekräftigen, und wo mußte ich zur Zurückhaltung mahnen?

1. Inkulturation in Rom und in der »lateinischen« Kirche

Es ist nicht zuletzt der Gnadengabe des Völkerapostels Paulus zu danken, daß sich im ganzen Römischen Reich, auch mit Hilfe der gemeinsamen griechischen Sprache, die Frohbotschaft ausbreiten konnte. Die großen Patriarchate Jerusalem, Antiochia und Alexandria ließen es wie mit Selbstverständlichkeit geschehen, daß sich ein eigenes, ständiges römisches Patriarchat und schließlich sogar ein »lateinischer Ritus« herausbildete. Kein Zentralismus hinderte die Einwurzelung des Evangeliums in den verschiedenen Kulturen und Sprachgebieten. Die afrikanische Kirche mit dem Mittelpunkt Carthago konnte in gar manchen Fragen andere Wege gehen als die Kirche in Rom. Auch die Ausbreitung des Christentums in England konnte nur infolge gelungener Inkulturation so rasch vor sich gehen, daß von dort aus sehr bald auch viele germanische Stämme auf dem Festland die Frohbotschaft annahmen. Im Eherecht setzte sich bald in einer gewissen Synthese mit dem römischen Recht die germanische Tradition durch. Die Missionierung wäre gar nicht denkbar gewesen, wenn schon damals in religiösen Fragen alles so genau festgeschrieben gewesen wäre, wie es heute im Bereich der »lateinischen Kirche« der Fall ist. Würde die Kirche von Rom heute den Kirchen in Afrika, Asien und Lateinamerika jenes Ausmaß an Eigeninitiative zugestehen, die die ältesten Patriarchate des Osten in der Frühzeit Rom mit Selbstverständlichkeit zugestanden haben, dann hätte das Evangelium freie Bahn.

Objektiv betrachtet, hat die Kirchenleitung in Rom in Fragen der Inkulturation nicht nur Unklugheiten begangen, sondern sich geradezu versündigt durch ein Regelungsunwesen, das am deutlichsten sichtbar wird in der Erstickung der hoffnungsfrohen Mission in China durch harte Auferlegung, ja Erzwingung des lateinischen Ritus, des römischen Kirchenrechtes und europäischer Theologie.

Es gibt meines Erachtens in dieser grundlegenden Frage keine volle und fruchtbare Wende ohne ein demütiges Abrücken von jeder Art von Triumphalismus. Nur eine sehr demütige Kirche, eine demütige Theologie und ein radikales Abgehen von zentralistischen Kontrollsystemen können die Hindernisse einer echten Inkulturation abbauen.

2. Mehr als bloße Anpassung

Die seit der Mitte des Jahrhunderts anwachsende Kritik gegen unnötige Entfremdung in der Missionierung z.B. Afrikas und Asiens verlangte laut die Pflicht der Anpassung in akuten Einzelfragen wie z.B. in der Ahnenverehrung, in den liturgischen Farben und Gewändern, vorsichtig auch im Kirchenrecht. Wie die Römische Synode für Afrika überdeutlich klar gemacht hat, sind wir über diese erste Phase weit hinaus. Es geht heute nicht mehr um einige kosmetische Anpassungen, sondern um eine radikale und umfassende Inkulturation, eben um die *Einwurzelung* des Glaubens in andere Kulturen.

Die zwei entscheidenden Ausgangspunkte für einen gelingenden Einwurzelungsprozeß sind erstens ein tiefes Eindringen in die Einfachheit des biblischen Denkens, vor allem der Evangelien, ohne die ganze Fracht scholastischer Philosophie und Theologie, auch ohne die ganze Last gelungener – in etwa inkulturierter – heutiger Theologie in Europa oder Nordamerika. Die zweite Voraussetzung ist ein liebevolles und gründliches Kennenlernen der jeweiligen eigenen Kultur und Geschichte, eine große Nähe zum Denken und Fühlen des eigenen Volkes, verbunden mit dem Respekt für andere Kulturen.

3. Das Recht, Fehler zu machen

Die volle Einwurzelung des Evangeliums in einer konkreten Kultur und Tradition ist ein schwieriger und bisweilen langer Prozeß. Wer meint, diesen Prozeß von vorneherein kontrollieren und von außen kanalisieren zu müssen, hat schon einen Kapitalfehler begangen. Die volle Einwurzelung ereignet sich schrittweise und verlangt einen respektvollen Dialog innerhalb der sich einwurzelnden Ortskirche, zwischen den verschiedenen Ortskirchen und selbstverständlich auch mit Rom. Dabei muß man den Mut haben, ohne Ängstlichkeit vor möglichen Fehlern voranzugehen im Vertrauen darauf, daß Fehler ja zu korrigieren sind.

Es gibt allerdings Fehler, die schon im Vorfeld erkennbar und die darum unbedingt zu vermeiden sind: Man sollte darauf verzichten, Missionare oder Bischöfe mit einem kulturellen Überlegenheitskomplex, der leicht dazu führen kann, daß man meint, zugleich mit dem Evangelium auch die höhere Kultur bringen zu müssen, in die Mission zu entsenden. Selbst wenn ihre Kultur höher und besser wäre – da soll man sich aber nicht täuschen lassen –, wäre das Ergebnis der Arbeit solcher Apostel stets kulturelle Überfremdung, Proselytenmacherei .

Ein ähnlicher Fehler wird wirksam, wenn ein Missionar mit dem ganzen Ballast einer in seiner Kultur und Tradition entstandenen Theologie daherkommt, zumal wenn er meint, er müsse die ganze Vollständigkeit der Lehren rezitieren, die die Herkunftskirche in Fragen des Glaubens und der Sitten bisweilen bis zum Übermaß vermehrt hat. Man muß sich der Gnade und Last einer bestimmten Theologie voll bewußt sein. Dann wird man nicht anfangen, in einem anderen kulturellen Kontext Lehren und Gebote, die am Rande stehen, zu verkünden und aufzuerlegen. Es geht bei der Inkulturation stets um die Mitte, zuerst und zuallermeist: um den Glauben, daß Gott, der Vater, seinen demütigen Knecht und Sohn Jesus verherrlicht hat und denen, die mit ganzem Herzen an ihn glauben, die Gaben des Heiligen Geistes verleiht.

Medium einer sich einwurzelnden Verkündigung ist eine der Bibel verwandte Art von narrativer Theologie. Man kann und darf nicht mit einer Systematik der Lehren beginnen, die so oder so fremdartig klingen müßte. Es gilt, zunächst einfach die Heilstaten Gottes zu erzählen, wie es uns das Neue Testament lehrt. Gerade Paulus lehrt durch sein Beispiel das Fundament einer Inkulturation: Er hat unermüdlich versucht, allen alles zu sein und zu werden – den Juden ein Jude, ein Bruder den Griechen und Nicht-Griechen.

Das Zweite, das wir von Paulus und der gesamten apostolischen Kirche im Hinblick auf die Frage der Inkulturation lernen könnten, ist: Ziel ist die sofortige Übernahme der kirchlichen Dienste durch Einheimische, soweit als möglich. Und das verlangt, daß man ihnen nach dem Beispiel der Urkirche einen großen Vorschuß des Vertrauens schenkt und mit ihnen in einem geschwisterlichen Dialog bleibt.

4. Die Bedeutung der Humanwissenschaften

Nachdem ich mir durch den Hinweis von Professor Ohm mit Schrecken bewußt geworden war, daß mein Entwurf der Moraltheologie noch an Eurozentrismus krankte, habe ich mit verstärktem Eifer und systematisch die Humanwissenschaften zu Rate gezogen, z.B. die Wissenssoziologie, die Soziologie der Kulturen, der Sitten, näherhin die Soziologie der Sexualität, der Ehe und Familie und nicht zuletzt die Soziologie der Herrschaftstypen und der Organisationsformen der Religionen. Eine gründliche Kenntnis auf diesen und ähnlichen Gebieten macht äußerst vorsichtig gegenüber jeglicher Form der Verallgemeinerung und gegen den Wahn, man habe in einer bestimmten kulturellen Prägung eine ewige, vollständige und unveränderliche Kenntnis wie die eines Naturgesetzes, das alles regle!

5. Keine Gegenwarts- und Zukunftsbewältigung ohne Vergangenheitsaufarbeitung

Um in Fragen der Inkulturation Kompetenz zu erwerben und zu vermitteln, genügt es nicht, horizontal z.B. die verschiedenen Herrschaftsmodelle der verschiedenen Kirchen zu studieren. Man muß vor allem verstehen, in welchem Wechselverhältnis zu den jeweiligen Familienstrukturen und generellen Herrschaftssystemen sich die Herrschaftsformen der Kirchen von heute herausgebildet, verändert oder verfestigt haben. Die ganze Geschichte der Formen und Gestalten der Moralen, der Sitten und Moralphilosophien ist präzise hinsichtlich ihrer Wechselwirkungen mit dem Heute zu studieren, über die uns z.B. die Soziologie der Herrschaftsformen und der Moralen Aufschluß bietet. Ein Durchblick auf die Soziologie des Kirchenrechtes in den verschiedenen Kirchen wird erst für eine Inkulturation fruchtbar, wenn man den Wechselwirkungen zwischen den Herrschaftsformen in Familie, Gesellschaft und Staat einerseits und der Herausbildung gelungener oder mißlungener oder verpaßter Erneuerung des Kirchenrechtes im Verlauf der Geschichte nachgegangen ist.

6. Inkulturation ist mehr als eine Frage der Missionskirchen

Jeder Teil der Christenheit, ganz besonders aber die Kirche von Rom – im Blick auf ihren enormen Einfluß –, muß sich der Frage der Inkulturation auch im Blick auf ihr eigenes, sozusagen genuines kulturelles Umfeld stellen. Jeder Teil der Kirche trägt mit sich, bewußt oder unbewußt, eine enorme Fracht an mehr oder weniger gelungenen Inkulturationen, von genutzten und ungenutzten Chancen der Inkulturation in der Vergangenheit. Noch mehr: das Gesamtgefüge und jede Dimension real existierender Kirchlichkeit rufen nach gründlicher

Revision gemäß dem Maß und der Art kultureller und anderer Veränderungen. Unsere gegenwärtige Situation ist gekennzeichnet von einer bislang ungekannten Beschleunigung des geschichtlichen Wandels. Wir alle leben in mehrfacher Hinsicht in einer gleichzeitigen Ungleichzeitigkeit. Diese gleichzeitige Ungleichzeitigkeit lebt jeder einzelne und jede Gemeinschaft in sich selbst, entweder als fruchtbare Spannung und Chance oder aber als Ursache vielgestaltiger Blockierung.

Wir erleben diese spannungsvolle gleichzeitige Ungleichzeitigkeit gerade auch in unseren innerkirchlichen Beziehungen. Die Vorhuten der Gesellschaft vor allem im künstlerisch-kulturellen Milieu und die lebendige junge Generation leben auf anderen Wellenlängen als z.B. jene sehr traditionsgebundenen Menschen und Gruppen, die von der alten Moral des römischen Typus geprägt wurden und darin Sicherheit suchen. Dies wahrzunehmen und diese Spannung zu gestalten, ist eine große Herausforderung und ein unersetzlicher Schlüssel für die Lösung der gegenwärtigen Kirchenkrise.

7. Inkulturation und Geschichte der Moraltheologie

Auch die ganze Geschichte der Moraltheologie ist heute neu zu durchforschen im Blickwinkel der Inkulturation mit allen ihren Varianten in den verschiedenen Epochen und Teilkirchen. Es ist der Frage nachzugehen, warum sie in manchen Epochen vernachlässigt oder frustriert wurde. Es gilt, gelungenen Formen der Inkulturation der Moral im Zusammenhang mit dem gesamten Prozeß der Inkulturation des Evangeliums besondere Aufmerksamkeit zu schenken. Auch der ökumenische Dialog in Fragen der Moraltheologie wird gefördert durch ein besseres Verstehen der Inkulturation, sowohl der gelungenen wie auch der weniger gelungenen, und unannehmbaren Formen und Gestalten der bewußten und unbewußten Inkulturation im Bereich der verschiedenen Kirchen und Konfessionen. Es kann kaum genug betont werden, daß man Inkulturation nicht verstehen kann ohne sorgsames Studium der verschiedenen Wechselwirkungen zwischen der Ausgestaltung der Gläubigkeit und der Moral mit den Herrschaftsformen in Familie und Gesellschaft, mit den vorherrschenden Eliten und ihrem Einfluß auf die Kirche. In dieser Hinsicht stellt sich z.B. die wichtige Frage: Wer waren die bevorzugten Adressaten des Evangeliums in bestimmten Kontexten und wer fand am meisten Gehör und Beachtung? Die Mächtigen, die Erfolgreichen, die Starken und Gesunden oder aber auch und ganz besonders die Armen, die Unterdrückten oder an den Rand Gedrängten? Folgte man dabei wirklich dem Beispiel Jesu? Schon allein das klare Bewußtsein dieser Probleme schützt vor der Gefahr des Fanatismus und der Vereinfachungen.

8. Ein warnendes Beispiel

Warum hat die Kirche im letzten Jahrhundert und zu Beginn unseres Jahrhunderts einen Großteil der Arbeiterschaft verloren? Nun: Diese stand in entscheidenden Bereichen des kirchlichen Lebens und der kirchlichen Strukturen und Herrschaftsformen überhaupt nicht im Blick. Warum zogen und ziehen so viele religiös begabte Frauen aus dem inneren Kreis der Kirche aus? Eine gründliche Analyse der Inkulturationsformen von gestern und heute kann in die Richtung deuten, in der sich Antworten und Lösungen wenigstens abzeichnen. Nächst der Frauenfrage bedrängt uns heute mehr denn je die Frage: Werden wir die Jugend, die neue Generation gewinnen oder verlieren?

Diese punktuellen Skizzen mögen zeigen: Ganz sicher ist es ein Irrtum anzunehmen, nur in Afrika und Lateinamerika sei eine neue Inkulturation notwendig!

X. Die brennendsten Fragen von heute

Ich habe beim Studium der neuesten Moralenzyklika *Veritatis splendor* und des neuen Katechismus der Katholischen Kirche vor allem gefragt: wo stehen dort die Kernfragen, die uns heute in Atem halten müssen? Sind es die Fragen der gesellschaftlichen, kulturellen und religiösen Eliten?

Man mag darüber streiten können, um welche Frage es sich dabei im einzelnen handelt, nach meiner Überzeugung und der Überzeugung der im ökumenischen Gespräch lebendigsten Kräfte geht es aber vor allem um folgende Problemfelder: *Friede* in allen Dimensionen, besonders in der Dimension der heilenden Gewaltfreiheit und Entfeindungsliebe, *weltweite Gerechtigkeit* in sich und als Weg zum Frieden, weltweite und dringende *Verantwortung für unseren gefährdeten Planeten* und die angesichts dieser Situation nötigen ökologischen Tugenden und Normen. Ist der Systematisierung des Weltkatechismus ein solidarischer Versuch vorausgegangen, im Lichte der Pastoralkonstitution *Gaudium et Spes* die Zeichen der Zeit zu sichten, und zwar zuerst die ermutigenden und herausfordernden Zeichen, dann erst die bedrohlichen Zeichen? Die Antwort ist leider zu evident.

Dann folgt die Gewissenserforschung für uns Moraltheologen: Haben wir die nötige Vorarbeit in dieser Richtung geleistet und eine der Situation entsprechende Akzentuierung vorgenommen? Ich glaube, daß wir uns nicht in Selbstzufriedenheit wiegen können. Andererseits haben wir uns zum Teil gerade in diesen und ähnlichen Fragen so weit vorgewagt, daß wir uns Abneigung, Zorn oder wenigstens großes Mißtrauen zugezogen haben.

Ich meine heute, daß wir uns in unserem Vorgehen nicht hinreichend therapeutisch verhalten haben. Vor allem auch insofern, als wir viel zu wenig getan haben, um das entscheidende Phänomen der gleichzeitigen Ungleichzeitigkeit in das Bewußtsein der Entscheidungsinstanzen einzubringen. Auch wir haben uns teilweise zuviel auf Nebengleisen bewegt und um zweitrangige Fragen gestritten.

1. Eine Friedensethik

René Girard, Raymund Schwager und viele andere haben uns auf den zentralen Stellenwert der Fragen um Gewalt und Gewaltfreiheit im Gesamt der menschlichen Geschichte, besonders aber im Hier und Heute, hingewiesen. Das große Erlösungsdrama, das wir feiern, verkünden und zu leben versuchen, hat als Schlüssel die heilende Gewaltfreiheit und Entfeindungsliebe des Erlösers der Welt. Es geht in der christlichen Erlösungslehre nicht um das Abwaschen von »Erbsündeflecken« auf den Seelen der Kinder, sondern um die Erlösung der Welt als Ganzer aus der Unheilskette von Gewalt und Gegengewalt. Jesus, der seine Berufung betont im Blick auf die vier Gottesknechtslieder des Deutero-Jesaja lebt, offenbart besonders am Kreuz und in der Auferstehung den Heilsweg der heilenden Entfeindungsliebe, der aktiven und schöpferischen Gewaltfreiheit. Diese müßten in jeder erneuerten Moraltheologie eine Schlüsselstellung einnehmen. Und all dies muß ins Hier und Heute hinein inkulturiert und aktuell verkündet und spürbar gemacht werden.

Vernachlässigen wir die Formung von begeisterten und entschlossenen Kerngruppen für gewaltfreie Konfliktlösungen, und kommt dies vielleicht in der Moraltheologie überhaupt nicht zum Ausdruck? Dann sind wir auf Nebengleisen und verleiten andere, auf Nebengleisen zu rangieren!

Wer im Hier und Heute die Bewußtseinslage und das Gemeinschaftsleben in diesem Lichte und in dieser Dynamik der heilenden, befreienden Gewaltfreiheit und Entfeindungsliebe überzeugend und zündend aufhellen kann, der ist auf der Linie echter Gleichzeitigkeit und Inkulturation. Sie sind im besten Sinn Zeitgenossen Christi und zugleich, wenngleich in anderer Form, aber mit der gleichen Dynamik, Zeitgenossen der durch Gewalt gefährdeten Menschheit von heute und vor allem jener, die Wege weisen durch Wort und Beispiel.

Bloße Friedensmahnungen genügen in unserer gerüttelten Zeit sicher nicht. Es bedarf des starken und lebendigen Glaubens an Christus, den leidensbereiten Gottesknecht, und einer radikalen Entscheidung, Ihm zu folgen auf dem Weg des Friedens, wie er ihn verkündet und in Leben und Sterben und durch seine Auferstehung bezeugt hat. Dies gehört zu den grundlegenden Strukturelementen sowohl der Glaubenslehre wie der christlichen Moral. Das II. Vatikanische Konzil hat hierin Weichen gestellt, freilich die Bedeutung des Angezeigten noch nicht voll zur Entfaltung gebracht. Doch geben Bewegungen innerhalb der Christenheit wie Pax Christi für die Zukunft Hoffnung, vor allem, wenn die erneuerte Moraltheologie mehr als halbherzig mit ihnen auf diesem Weg voranschreitet.

2. Weltweiter Einsatz für Gerechtigkeit in allen ihren Dimensionen

Die kirchliche Lehre hat die zunächst in der weltlichen Welt verlangten allgemeinen Menschenrechte, wenn freilich zögernd, in sich aufgenommen und teilweise glücklich weiterentwickelt. Doch noch sehr viel an Bewußtseinsschärfung bleibt zu tun.

Wollen wir inneren und äußeren Frieden, dann müssen wir mithelfen, das Nord-Süd-Gefälle abzubauen. Es ist ein himmelschreiendes Unrecht gegen den Schöpfer und die ganze Menschheit, wenn ein knappes Fünftel der Menschheit, nämlich die Bewohner der nördlichen Welt, vier Fünftel der wertvollsten Rohstoffe an sich reißt und noch dazu fast vier Fünftel zur Verschmutzung unseres Planeten, zur Zerstörung des ökologischen Gleichgewichtes, beiträgt.

Es geht in diesem Kontext nicht nur um Gerechtigkeit zwischen den ehemaligen Kolonialmächten und den ehemals kolonial ausgebeuteten Teilen der Erde. Es geht fast ebensosehr um Gerechtigkeit und Verantwortungssinn gegenüber den zukünftigen Generationen. Die Verschwendung der wichtigsten Ressourcen und die Störung bis zur Zerstörung des ökologischen Gleichgewichts sind eine schwerwiegende Ungerechtigkeit in eben diesem umfassenden Sinn.

3. Was geschieht mit dem Leben auf unserem Planeten?

Es ist in unseren Tagen erstmalig in der langen Menschheitsgeschichte der Fall, daß Menschen es in der Hand haben, alles Menschenleben auszulöschen, sei es in einem Schlag durch den Gebrauch der angehäuften Vernichtungswaffen oder aber langsam durch die Zerstörung der ökologischen Grundlagen des Lebens.

Diese Situation verlangt ein radikales Umdenken, eine solidarische stetige Bekehrung. Es ist der erneuerten Moraltheologie noch nicht gelungen, ein Bewußtsein für diese Bekehrung weltweit auch nur in der Kirche zu vermitteln. Im umfassenden Register des neuen Katechismus der katholischen Kirche findet sich nicht einmal das entsprechende Stichwort, geschweige denn ein Beitrag zur Bewußtseins- und Gewissensbildung in dieser Frage.

Ebensowenig findet man dort das Stichwort Überbevölkerung. Die Sorge um künstliche Empfängnisregelung scheint diese lebensbedrohlichen Frage zu verdrängen. Natürlich wird man das Problem der Überbevölkerung nicht durch massenhafte und massive Verbreitung künstlicher Mittel der Kontrazeption lösen. Aber man muß diesen ganzen Problemkomplex deutlich ansprechen und Wege zu verantwortlicher Lösung aufzeigen oder doch hinreichend andeuten und gemeinsam suchen.

Man weiß aus der Tierwelt, daß eine explosive Vermehrung des Bestandes einer Art zu sonst undenkbaren Explosionen von Gewalt führen kann. Man weiß zur Genüge, daß die Bevölkerungsexplosion zusammen mit der globalen Migrationsbewegung Kriminalität und Neigung zur Gewalt enorm steigern. Es gibt keine verantwortete Friedensethik wie auch keine verantwortbare ökologische Ethik, ohne sich diesen Problemen zu stellen; ja es gilt heute, sie sogar in die Bewußtseinsmitte der angewandten Moral zu rücken.

Die ökumenische Versammlung in Basel und dann weltweit in Seoul waren erste Schritte in diese Richtung. Die Führung in der katholischen Kirche vollzog sie nur zögernd mit. Auch das ist ein Beweis dafür, daß die Wende in der Moraltheologie noch nicht durchschlagend in Erscheinung tritt. Es kann hier nicht der Ort sein, diesen Fragen in ihrer Tiefe und Breite nachzugehen. Ich habe dies vor allem in meinem dreibändigen Werk *Frei in Christus* und in anderen Veröffentlichungen versucht.

XI. Wende vom Individualismus der Moral zur Heilssolidarität

Vorwiegende Akt-Moral im Lichte der Wende zur Heilssolidarität

Gerade die drei soeben genannten Felder geschichtsnaher, lebensnaher Moraltheologie, die überhaupt nur in einer neuen Perspektive und Geistesart angegangen werden können, fordern ein radikales Umdenken zu umfassender, ja sogar kosmischer Solidarität. Hier ist jedoch die Moraltheologie als Einzeldisziplin überfordert. Sie darf sich schon aus diesem Grund nicht auf das moralische Sollen beschränken. Ihre Kraft kommt ja aus dem Glauben. Darum geht es an den brennenden Punkten, die keinen Aufschub des Weiterdenkens zulassen, um jene Gesamtsicht, die motiviert und orientiert. Dazu rechne ich das Verständnis des Begriffspaares *Erbsünde – Erlösung*. Die diesbezüglichen Ausführungen im neuen Katechismus der katholischen Kirche scheinen mir wenig hilfreich zu sein. Sie scheinen vorauszusetzen, daß die biblischen Adamserzählungen als geschichtliche Fakten bis ins einzelne geglaubt werden müssen. So z.B. wenn gesagt wird, daß die Menschen vor dem *physischen* Tod bewahrt worden wären, wenn Adam und Eva im Paradies nicht gesündigt hätten.

Und doch haben uns die biblischen Aussagen über die Erbsünde im Kontext des Glaubens an die Erlösung in Christus viel zu sagen. Adam ist keine datierbare geschichtliche Persönlichkeit. Er ist Verkörperung der Heilssolidarität des ganzen Menschengeschlechtes. Diese basiert nicht auf einem *Monogenismus*, auf der Abstammung aller Menschen von einem Ehepaar, sondern ist viel tiefer und radikaler begründet im *Monotheismus*. Gott, der Schöpfer, ist einer in drei Personen. Was er erschafft, steht aus diesem Urgrund unverbrüchlich in einer ganz tiefen, umfassenden Solidarität, zunächst gewollt im Guten. Wird jedoch diese Heilssolidarität zurückgewiesen, so fällt der Mensch nicht auf seine eigenen Füße, sondern brandmarkt sich in die Unheilssolidarität hinein. Von dieser – unter welchem Namen auch immer – können wir als Christen nur denken und reden im Lichte des Glaubens an die Erlösung, die eine unübertreffbare Dichte der Solidarität aller Menschen im Guten, in Christus bezeichnet. Diese Solidarität ist so tief und weit, daß sie von uns kleinen Menschen selbst im Lichte des Glaubens nie voll ausgeschöpft werden kann. Von diesem Geheimnis muß dann auch die gesamte Moraltheologie geprägt sein.

Ist das der Fall, dann kann christliche Bekehrung nicht mehr individualistisch oder legalistisch eingeengt werden. Sie führt dann mit innerer Wucht zu einem solidarischen Denken und Handeln in all den Fragen, die wir oben schon berührt haben, wie gemeinschaftliches Ringen um befreiende und heilende Gewaltfreiheit, um Frieden in allen Dimensionen und weltweite Gerechtigkeit. Sobald eine planetarische Verantwortlichkeit, wie die heutigen Erkenntnisse über das Schicksal unseres Planeten und über unsere gemeinsamen ökologischen Aufgaben, in das Bewußtsein kommt, stellt sie uns vor eine Grundentscheidung: entweder für das Heil aller oder aber Verwicklung in eine bodenlose und grenzenlose Unheilssolidarität.

Die recht verstandene Erbsünde-Erlösungslehre führt dann mit innerer Logik auf ein Verständnis der menschlich-sittlichen Grundentscheidung (Fundamentaloption), die zwar ganz persönlich vollzogen werden muß, ihrem Inhalt und ihrer Dynamik nach jedoch radikal solidarisch zu verstehen ist.

Darum ging und geht es mir und wohl den meisten Theologen, die sich mit der Frage der Grundentscheidung eingehend befaßt haben. Diese hat nichts zu tun, wie die Enzyklika *Veritatis splendor* nahezulegen scheint, mit einer Verwässerung des Sündenbegriffs oder gar einer praktischen Abschaffung der Lehre von der Todsünde.

Freilich, die Grundentscheidung, wie wir sie verstehen als radikale, tief im Herzen, Willen und Charakter des Menschen zu verwurzelnde Richtungsentscheidung, kann uns auch helfen in der die alten Moralhandbücher so sehr beschäftigenden Frage: Wie kann ich wissen, ob ich eine Todsünde begangen habe, die ich unbedingt zu beichten habe? Unsere Sicht ist kein oberflächlicher Beruhigungsversuch. Aber sie kann auch vor unnötiger Skrupullosität befreien, ohne die gute Grundrichtung zu gefährden.

Diese Position vorausgesetzt können wir Menschen mit guten Willen, die wirklich aus dem Glauben und im Blick auf das Reich Gottes leben wollen, aber in irgendeinem konkreten Punkt trotz guten Willens bisweilen versagen, etwa so antworten: Wenn nach dem Versagen und trotz des Versagens auf einem Gebiet deine gute Grundrichtung im Gesamt deines Sinnens, Trachtens und Handelns durchhält, so kannst du vertrauen, daß du in der Gnade Gottes geblieben bist. Diese Aussage und Sicht erlauben keine billige Ausrede oder Ausflucht. Im Gegenteil, sie tragen bei zur immer stärkeren Verwurzelung der guten Grundentscheidung und ihrer Fruchtbarkeit.

Wichtig ist mir aber in diesem Zusammenhang, daß es sich nicht um eine individualistisch mißverstandene Grundentscheidung handeln darf, etwa im Sinn »ich will meine Seele retten«, sondern um die umfassende und tiefe Entscheidung für Heilssolidarität in Christus. In der Schrift heißt es dazu: »Einer trage des anderen Last und erfülle so das Gesetz Christi« (Gal 6,2), oder wie wir es soeben an den großen Aufgaben der geschichtlichen Stunde angesprochen haben: entschlossener Einsatz für heilend-befreiende Gewaltfreiheit, für Frieden in allen Dimensionen, für umfassende Gerechtigkeit und ökologische Verantwortung; und auf dem Gebiet des Glaubens: radikaler Einsatz für die Ökumene.

Wir empfangen unsere Freiheit in Christus durch seine allumfassende Heilssolidarität nicht als eine Gabe, die wir selbstisch einheimsen könnten, sondern als Gabe und Auftrag für die Freiheit und das Heil aller, soweit es in unseren Kräften steht.

Die Hauptkontroverspunkte der Enzyklika *Veritatis splendor* haben zu tun mit der für die nachtridentinische Moral kennzeichnende Konzentrierung auf eine bloße Aktmoral. Der größte Nachdruck einer solchen Morallehre liegt auf der Liste von Verboten von innerlich und absolut bösen Handlungen, die keine Ausnahme dulden und unter Todsünde verpflichten, wobei die Sünden gegen das sechste Gebot einen Schwerpunkt bilden.

Die meisten katholischen und protestantischen Moraltheologen stimmen nun darin überein, daß es Handlungen gibt, die ganz oder fast ausnahmslos zu vermeiden sind. Sie sind aber in der Aufstellung der Liste sehr viel vorsichtiger und zurückhaltender als die Enzyklika *Veritatis splendor* und der neue Katechismus der katholischen Kirche.

Eine Hervorhebung der absoluten Ausnahmslosigkeit der Verbote, die unter Todsünde verpflichten, und die Vollständigkeit der Liste haben eine hohe Bedeutsamkeit nur dann, wenn es um möglichst weitgehende kirchliche Kontrolle und das Beichtgebot geht. In einer Verantwortungsmoral, in der die Heilssolidarität den Grundton angibt, liegen die Akzente anders. Ganz oben stehen hier die Anforderungen z.B. in bezug auf das Engagement für Friede, Gerechtigkeit und Umweltethik. Es werden hohe Forderungen sowohl an die Autoritätsträger als auch an jede einzelne Person gestellt. Dabei nehmen wir an, daß eine volle Auflistung aller negativen und positiven Pflichten nicht so leicht möglich ist. Gewiß, es müssen einzelne Kategorien markant herausgestellt werden, jedoch ohne den Versuch, eine genaue Grenze zwischen Todsünde und läßlicher Sünde herauszustellen. Ganz entscheidend ist uns die Motivierung und hohe Aufmerksamkeit auf die zentralsten Felder der diesbezüglichen Verantwortung.

Doch vor und über der Konzentrierung auf einzelne Akte steht in einer spezifisch christlichen Moral die Grundintention und Grundentscheidung, die in einer fortwährenden Bekehrung immer mehr und wirksamer eingewurzelt werden muß. Dann geht es um entscheidende Gesinnungen, Grundhaltungen (Tugenden) und um eine entsprechende Charakterbildung.

Mit all dem haben Kontrolleure von Äußerlichkeiten wenig im Sinn. Dennoch ist eine fortwährende Selbstprüfung sowohl der einzelnen wie der Gruppen und Gemeinschaften von hoher Bedeutung. Die solidarische Mitverantwortung hat einen vorrangigen Stellenwert.

Von der Liturgie und von der Heiligen Schrift her werden wir den geschichtsmächtigen (eschatologischen) Tugenden einen hervorragenden Stellenwert zuschreiben. Die *Dankbarkeit* ist der Kanal, der uns an all dem Guten der Vergangenheit Anteil nehmen läßt. Dem gegenwärtigen Augenblick der Entscheidung sind zugewandt die Tugenden der *Wachsamkeit*, der *Bereitschaft* und der *Unterscheidungsgabe. Hoffnung* und Mut zur Übernahme von *Verantwortung* machen das Jetzt und Hier fruchtbar auf Zukunft hin.

XII. Brauchen wir eine vollständige Liste von zu glaubenden Sätzen und moralischer Gebote?

Die Moraltheologie des römischen Typus, die ihresgleichen weder im ersten christlichen Jahrtausend der katholischen Kirche noch in irgendeinem anderen Teil der Christenheit hat, versuchte haarscharf abzugrenzen zwischen schwerer Sünde, die gleichgesetzt wurde mit Todsünde, und bloß läßlicher Sünde. Dabei kann man heute nur den Kopf schütteln, was alles unter der Überschrift Todsünde stand. Ich nenne nur ein Beispiel noch aus neuer Zeit: In einer Instruktion der römischen Kongregation für die Disziplin der Sakramente über Messe ohne Altardiener wird gesagt, daß nur, wenn kein Mann zu finden ist, eine Frau die Antworten sagen darf, aber nur aus gebührender Ferne. Dann wird wörtlich gesagt: »Alle Autoren lehren einhellig, daß es Frauen – auch Ordensfrauen nicht ausgenommen – unter Todsünde verboten ist, am *Altar* zu dienen« (AAS 41(1949) 507 f).

Ich habe mir als ich seinerzeit die Instruktion las gemeinsam mit meinen Hörern die Mühe gemacht, alle in unserer Bibliothek vorhandenen Moralbücher diesbezüglich zu konsultieren. Wir fanden nur zwei Moralisten, die lehrten, daß Frauen, die sich über die Kommunionbank hinaus dem Altar nähern, eine Todsünde begehen. Doch auch das ist noch schlimm genug.

Die Sorge, daß allen Gläubigen alles, was zu glauben ist und alle sittlichen Gebote *vollständig* zu lehren sind, liegt Papst Johannes Paul II. und seinen engsten Beratern sehr am Herzen. Eine Gradualität dürfe es diesbezüglich in der Sache nicht geben, wenn freilich eine gewisse Gradualität im Vollzug denkbar sei. Der neue Katechismus der katholischen Kirche und die Enzyklika *Veritatis splendor* sind die zwei hervorragendsten päpstlichen Dokumente, in denen die vollständige Aufzählung aller Glaubenslehren und aller sittlichen Normen ein Zentralanliegen ist. Allüberall in der christlichen Welt fragt man sich, ob diese Suche nach Vollständigkeit opportun und überhaupt richtig ist. Außer Zweifel steht, daß wir als Christen den Glauben in seiner ganzen Höhe und Tiefe, Länge und Breite in unser Herz und unser Denken schließen wollen. Und ebenso wollen wir keinen Zweifel daran lassen, daß wir den Willen Gottes ohne Abstriche nach besten Kräften erfüllen wollen. Eine ganz andere Frage ist jedoch die nach einer vollständigen Liste all dessen, was der Katholik zu glauben, zu meiden und zu tun hat.

Doch unsere Frage ist eine ganz andere und erlaubt eine gewisse Unterschiedlichkeit der Stellungnahmen. In der nachtridentinischen Dogmatik und Moral waren die Listen dessen, was im Glauben festzuhalten und was als Sünde und besonders als Todsünde zu meiden sei, von verschiedentlicher Länge. Aber fast allen war eines gemeinsam: Die Dogmatiker unterschieden sorgfältig, freilich oft kontrovers, was Artikel des Glaubens (de fide) oder definierter Glaubensartikel (de fide definita) sei, was theologisch als sicher gelte, was die vorherrschende und gemeinsame Doktrin und was die vorherrschende, aber nicht einhellige Doktrin sei. Die Moralisten hatten ihre genauen Abstufungen zwischen unangefochtener, allgemeiner Lehre, zwischen der mehr oder weniger gemeinsamen Lehre, der eher oder weniger probablen Meinungen. Dabei war der Raum der kontroversen Meinungen, abgesehen von den Tutioristen, sehr breit.

Ganz anders in den beiden genannten päpstlichen, bedeutsamen Dokumenten. »So ist es« , heißt es da. Und da stehen dann im Bereich des Glaubens und der Moral eine ganze Anzahl von absoluten Thesen, die nicht nur in den anderen Teilen der Christenheit, sondern auch unter den katholischen Theologen und einem Großteil der eifrigen Katholiken so nicht bejaht werden.

Wer die Geschichte der Dogmen und der Moraltheologie gründlich kennt, weiß, daß vieles, was in der Vergangenheit als endgültig entschieden und als unangefochtene Lehre galt, später revidiert wurde oder einfach in Vergessenheit geriet. Im Bereich der Moral ist der geschichtlich belegte Wandel noch sehr viel größer als im Bereich der Dogmatik.

Vieles, was heute mit Nachdruck abgelehnt wird, wurde früher entweder stillschweigend toleriert oder auch fest gelehrt. Römische Behörden lehrten noch, daß es erlaubt sei, Sklaven zu kaufen und zu behalten, um sie der Taufe zuzuführen und ihre Kinder ebenfalls zu taufen, als der größere Teil der zivilisierten Welt die Sklaverei bereits als eines der größten Übel erkannte. Das Bewußtsein um diese Vergangenheit moralischer Gewißheiten allein schon müßte uns vorsichtiger machen. Es gibt einen sehr reichen Kern an Glaubenswahrheiten und Aussagen zur Sittenlehre, über den wir in der katholischen Kirche und sogar mit unseren Schwesterkirchen einig sind oder doch wohl einig werden könnten. Über den freilich nicht unbedeutenden Rest an Fragen könnten und sollten wir in einem fruchtbaren und friedlichen Dialog ausharren und eine Lerngemeinschaft bilden.

Doch es geht um noch wesentlichere Erwägungen: Im Bereich des Glaubens steht ganz oben die anbetende Ehrfurcht vor dem absoluten *Geheimnis* des dreieinigen Gottes. Die ehrfürchtig staunende, in Worten und Begriffen äußerst zurückhaltende Einstellung hatte in der Kirche große und heilige Vertreter. Es verstößt mehr gegen die dem Glauben innewohnende Ehrfurcht, wenn wir ein Jota zuviel hinzufügen, als wenn wir eine Frage offen lassen. Unsere Worte und unsere ganze Begriffswelt sind beschränkt und in vieler Hinsicht geschichtlich bedingt, vor allem, wenn es darum geht, über Gott und Christus zu reden.

Dazu kommen noch andere in diesem Buch schon angeschnittene Gesichtspunkte: der Ökumenismus, der ja gerade dadurch nötig geworden ist, daß Teile der Christenheit in gegenseitiger Unduldsamkeit und Abwehrhaltung allzu vieles und allzu engherzig behauptet haben, weil sie nicht unterschieden zwischen dem Wesentlichen und mehr oder weniger Sekundärem, zwischen der Wahrheit selber und ihrer kulturellen Sprachgestalt. Die Vollständigkeit, wie sie als Anliegen im Weltkatechismus und in der Enzyklika *Veritatis splendor* angesprochen wird, hat das ökumenische Anliegen nicht oder doch nicht genügend berücksichtigt und sichtbar gemacht. Ebenso mahnt das schon behandelte Anliegen der *Inkulturation* zu erhöhter Vorsicht gegenüber der Absicht, alles und jedes ein für allemal verbindlich klären zu wollen. Wie oft haben wir im Verlauf der Kirchengeschichte, auch der Missionsgeschichte, Barrieren errichtet, weil man nicht unterschied zwischen der Länge, Höhe, Breite und Tiefe des Glaubensgeheimnisses und menschlicher, kulturell bedingter Begrifflichkeit und Systematisierung!

In der konkreten Frage nach der Vereinbarkeit des göttlichen Vorauswissens und dem Primat der Gnade einerseits und dem freien Menschenwillen andererseits sind beispielsweise Molinisten und Bannesianer mit Wortschwertern aufeinander losgegangen. Beide Teile drängten auf eine feierliche päpstliche Entscheidung. Auf den Rat Bellarmins, der selbst nur durch päpstliche Huld einer Verurteilung und Maßregelung durch die Inquisition entgangen war, gab Clemens VIII. (1591-1605) statt einer doktrinellen Entscheidung die nachdrückliche Mahnung, die beiden Teile sollten aufhören, sich gegenseitig zu verketzern und ihre Diskussionen gesittet führen. Heute wird über diesen Punkt kaum mehr gestritten. Alle sehen ein, daß uns das immer größere Geheimnis Gottes verbietet, in solchen Dingen kategorisch Behauptungen aufzustellen.

Neu ist in der gegenwärtigen Restaurationsphase des Vatikans die Einführung von zwar nicht geoffenbarten, aber vom Papst *endgültig entschiedenen* Glaubenswahrheiten, die weder Zweifel noch Disput gestatten und weiterhin von sicher nicht unfehlbaren Wahrheiten auf dem Feld des Glaubens und der Sitten, die vom Papst entschieden sind, obwohl nicht mit dem Vermerk der Endgültigkeit; auch ihnen gegenüber dürfte kein öffentlicher Dissens geäußert werden.

Ist nicht gar so manche Lehre, die als endgültig angesehen und betont wurde, im Verlauf der Jahrhunderte so oder so modifiziert worden? Hat nicht gar so mancher Theologe gegenüber der Inquisition aus purer Angst und unter schwerem Druck heute gängige Auffassungen widerrufen müssen, obwohl er im Gewissen anders dachte? Es gibt zu denken, daß bei all diesem Druck, Widerruf zu leisten, überhaupt nicht die Frage nach der Ehrlichkeit eines solchen Widerrufs, die Frage nach dem Gewissen des bedrängten Theologen auftauchte.

Die Kirchengeschichte gibt denen, die sie kennen, eine gewaltige Lektion: Päpste konnten wie im Fall Clemens VIII. heftige Konflikte entschärfen. Aber in anderen Fällen ergriffen Päpste Partei und trugen so, wenn auch ungewollt, bei zu Polarisierungen und Spaltungen. Ich meine, daß bei einem besseren Verständnis des petrinischen Hirtenamtes der Akzent mehr auf Versöhnung und Überwindung von Polarisierung gesetzt werden müßte.

Nur einem Blinden können die Gefahren der Polarisierung gerade in Hinsicht auf die katholische Moraltheologie entgehen. Zuerst lag das Schwergewicht eines Systems des Verdachtes, des Drucks und der Polarisierung auf dem Gebiet der Dogmatik (Modernismusstreit), dann mehr auf dem Gebiet der Exegese. Auf diesen beiden Gebieten zeigte sich eine erstaunliche und fruchtbare Entspannung. Nun geht es im Bereich der Moraltheologie irgendwie »ums Ganze«: um das Kirchenverständnis, das Amtsverständnis der Päpste, um den Ökumenismus und die Inkulturation. Es geht weithin hier um die Zukunft. Heute stellt sich auf dem Feld der Moraltheologie die Frage: Bleiben wir »Salz der Erde«?

XIII. Christliche Moral in einem kritischen Zeitalter

Moraltheologie und Lehramt, soweit es sich mit Moral befaßt, müssen sich bewußt sein, zu wem sie sprechen und in welcher geistigen Verfassung die Adressaten ihrer Lehre leben.

Wir leben in einem kritischen Zeitalter, kritisch vor allem gegenüber den Religionen und ihren Institutionen. Dazu kommt jedoch noch ein anderer sehr wichtiger Faktor. Im Zeitalter der Massenmedien und der raffinierten Manipulation der öffentlichen Meinung muß der Christ nicht nur über die Tugend der Unterscheidung verfügen, er muß vor allem in seinem ganzen Charakter die Tugend der Kritik integriert haben.

Die schärfste Kritik an der Religion, ganz besonders auch an deren Morallehren, ist der Atheismus in seiner vielfachen Verkörperung und seiner ansteckenden und bisweilen kämpferischen Art. Bedenken wir z.B. den enormem Unterschied zwischen den Adressaten des nachtridentinischen Katechismus und der Situation, in der die direkten und indirekten Adressaten des neuen Katechismus der katholischen Kirche leben. Der Tridentinische Katechismus tat sich leicht. Er wandte sich an jene, die in den stürmischen Zeiten der Reformation der katholischen Kirche treu geblieben waren, freilich oft nur dank eines »Zufalls«, da ihre Fürsten sich für eben diese Kirche entschieden hatten, nach dem Prinzip »Cuius regio eius et religio«. Es genügte, daß die paar hundert Bischöfe und die nicht sehr viel größere Zahl wohlgebildeter Theologen den Katechismus annahmen und sich für die Verbreitung der in ihm formulierten Lehre einsetzten. Ihnen standen die Mehrheit eines dürftig gebildeten Klerus und die »Laien« gegenüber, auf die man in theologischen Fragen als ungebildet herabschaute.

Heute ist es ganz anders. Es gibt in unserer Kirche heute eine Zahl von ausgebildeten Theologen und Theologinnen und von theologisch höchst kompetenten »Laien«, die größer ist als die Gesamtzahl kompetenter Theologen aller vergangenen Jahrhunderte insgesamt. Es ist jedoch darum klar, daß die beste Chance, die der neue Katechismus realistisch erhoffen kann, eine kritische Rezeption ist, d.h. die Bereitschaft vieler, all das Gute in ihm dankbar zu beachten bei gleichzeitiger gemeinsamer Bemühung, das weniger Gute oder gar Fehlerhafte auszusondern. Daneben zeichnet sich teilweise aber auch schon die Gefahr ab, daß viele sich unkritisch der ablehnenden Haltung von namhaften Theologen anschließen oder nach eigener kritischer Lesung sich wegen einiger ernster Mängel von der kirchlichen Lehre noch weiter entfernen.

1. Brief an die Fernstehenden«

Kardinal Montini, der Erzbischof von Mailand und spätere Papst Paul VI., hat seinerzeit ein Hirtenschreiben an die breiten Kreise der der Kirche mehr oder weniger Entfremdeten geschrieben mit dem Titel »Brief an die Fernstehenden«. Das Schreiben hat in Ton, Anliegen und Zielsetzung nicht an Aktualität verloren. In einer gleichen Bewußtseinslage und pastoralen Haltung hat Kardinal Basil Hume von London die Geschiedenen und Wiederverheirateten öffentlich um Verzeihung gebeten angesichts einer unangemessenen pastoralen Haltung der Kirche.

In vielen Diözesen und Ländern sind die der Kirche »Fernstehenden« weit zahlreicher als die regelmäßig Praktizierenden. Gründe und Grad des Fernstehens sind von sehr unterschiedlicher Art. Es ist jedoch töricht und kontraproduktiv, wenn man die Ursachen für diese Distanz nur in der »bösen Welt« oder, wie es in den letzten Jahren oft geschehen ist, vor allem in der Säkularisierung der westlichen Welt sucht oder wenn man gar alles mit persönlicher Schuld erklären will.

Damit soll keineswegs gesagt werden, daß persönliche Verantwortung bzw. Schuld bei den Fernstehenden nicht mit im Spiel sei. Doch es wäre ein Zeichen von Selbstgerechtigkeit, wenn wir uns nicht oder nicht zuallererst selbst nach Gründen für die Distanz von Menschen zur Kirche befragen würden. Dieser Frage haben sich nicht zuletzt wir Moraltheologen und Moralverkündiger, aber auch die höheren Amtsinhaber in der Kirche ernst und demütig zu stellen.

Der katholischen Moralverkündigung fehlte weithin der Charakterzug der *Paraklese*, der ansprechenden Ermunterung in der Kraft des Heiligen Geistes und im Blick auf die Heilsordnung der gnädigen Liebe Gottes. Kritische Katholiken haben sich schon seit geraumer Zeit am Mangel unserer Selbstkritik gestoßen. Sie sind in wohl nicht wenigen Fällen vom Triumphalismus von Amtsträgern abgestoßen worden.

Die Inhaber des Lehramtes aller Stufen müssen sich strengen Fragen stellen: Haben wir nicht allzu oft im Namen unserer Sendung, im Namen Gottes, ungereimte Dinge nicht nur nebenbei gesagt, sondern sie sogar zäh betont? Was im Dekret über den Ökumenismus in Erinnerung gerufen wurde, hat eine brennende Aktualität auch weit hinaus über die Frage des ökumenischen Dialogs. Obenan steht die Mahnung an uns alle: daß wir, wenn wir »die göttlichen Geheimnisse zu ergründen suchen«, stets »mit Wahrheitsliebe, mit Liebe und Demut vorgehen« müssen. Dann folgt der entscheidende Satz: »Man soll nicht vergessen, daß es eine Rangordnung oder ›Hierarchie‹ der Wahrheiten innerhalb der katholischen Lehre gibt, je nach der verschiedenen Art ihres Zusammenhangs mit dem Fundament des Glaubens« (Nr. 11).

Gegen diese Sicht und Weisung haben sich Generationen von rigoristischen Moralisten schwer versündigt, wenn sie – um mit Karl Rahner zu sprechen – Lappalien unter das Verdikt »Todsünde« gestellt haben. Auch der Vatikan hat in der Vergangenheit bis in unsere Zeit hinein in dieser Sache schwer gefehlt. Ich meide den Ausdruck »schwer gesündigt« mit Bedacht. Doch es gibt in dieser wichtigen Frage auch eine Art »Kollektivschuld« ähnlich wie in bezug auf »sündhafte Strukturen«. Auch jene sind mitverantwortlich, die nicht das Ihre tun, um diese Strukturen zu beseitigen. Würden wir und auch die Amtsträger demütig diese unsere Vergangenheit bedenken, dann gäbe es nicht mehr so leicht feierliche Erklärungen im Namen Gottes über eher nebensächliche Fragen und schon gar nicht mehr über höchst anfechtbare Lehren. Wäre unser ganzes Denken und Reden ein liebevoller und besorgter »Brief an die Fernstehenden«, dann wäre sehr viel gewonnen. Sind nicht auch sie ihrerseits ein Brief Gottes an uns?

2. Vom Atheismus herausgefordert

Unter vielen Spannungen und nach langem Zögern hat sich das II. Vatikanische Konzil mit offenen Augen und besorgtem Herzen dem Problem des Atheismus zugewandt. Der Atheismus in seinen verschiedenen Gestalten und Graden stellt uns viele Fragen, und bisweilen hält er uns einen Spiegel vor Augen, wenn wir von Gott und Gottesleugnung denken und reden, als ob wir völlig unangefochten wären, als ob wir über Gott und seinen Willen bis ins kleinste hinein Bescheid wüßten. Aus der Fülle der hochaktuellen Aussagen in *Gaudium et spes* 19-21 greife ich nur eine Aussage heraus, die direkt das Anliegen der »Heilsverkündigung in einer kritischen Zeit« betrifft: »Der Atheismus, allseitig betrachtet, ist nicht eine ursprüngliche und eigenständige Erscheinung; er entsteht vielmehr aus verschiedenen Ursachen, zu denen auch die kritische Reaktion gegen die Religionen, und zwar in einigen Ländern vor allem gegen die christliche Religion, zählt. Deshalb können an dieser Entstehung des Atheismus die Gläubigen einen erheblichen Anteil haben, insofern man sagen muß, daß sie durch die

Vernachlässigung der Glaubenserziehung, durch mißverständliche Darstellung der Lehre oder auch durch die Mängel ihres religiösen, sittlichen und gesellschaftlichen Lebens das wahre Antlitz Gottes und der Religion eher verhüllen als offenbaren« (GS 19).

Im Redaktionskomitee und in der zuständigen Kommission, die neben über 60 Bischöfen auch fast ebenso viele Theologen und viele sehr wache Laien vereinigte, fehlte es nicht an Stimmen die feststellten, daß die Schuld in dieser Frage nicht einseitig oder gar ausschließlich bei den »Gläubigen« als solchen zu suchen sei, sondern daß auch Fehlverhalten und Fehlentscheidungen von Seiten der Amtsträger und ungesunde kirchliche Strukturen ins Auge gefaßt werden müßten. Doch damals war die Zeit noch nicht reif. Man mußte fürchten, daß der ohnehin schon nicht unbedeutende Widerstand gegen den Text von *Gaudium et spes* gewaltig anwachsen würde, hätte man die Hierarchie unmittelbar als mitschuldig gekennzeichnet.

Der neue Katechismus der katholischen Kirche, der dem Problem des Atheismus weniger als eine volle Seite widmet, zitiert einen Teil des Textes beginnend mit dem Wort »Gläubige« (Nr. 2125). Also auch hier scheint die Schuld allein bei den einfachen Gläubigen zu liegen. Und doch hat man seit dem Konzil in der Frage nach »sündhaften Strukturen« und sündhaftem Mißbrauch der Autorität viel nachgedacht, geredet und geschrieben. Der neue Katechismus hätte sehr viel breitere Zustimmung gefunden, wenn in ihm sich eine selbstkritische kirchliche Autorität ausgesprochen hätte. Es muß klar gesehen werden, daß es auch von Seiten der Moraltheologen und den höchsten Vertretern des Lehramtes »Vernachlässigung der Glaubenslehre« und/oder »mißverständliche Darstellung der Lehre« gegeben hat und noch gibt. Das ist zum Teil einfach der Tribut an menschliche Begrenztheit. Doch gerade in so brennenden Fragen kann und darf die Frage nach schuldbarem Zurückbleiben nicht ausgeblendet werden. Ich meine, dies wird allen, die noch unter dem römischen Typ der Moraltheologie und unter sehr unausgeglichenen Äußerungen und Akzentsetzungen durch Vertreter des Lehramtes gelitten haben, zur Herausforderung im Sinn einer Wende oder aber zur Anklage.

3. Zur Lohn- und Strafmoral in Moral und Erziehung

Die bloße Reduzierung kirchlicher Morallehre auf eine Lohn- und Strafmoral hat nicht unwesentlich dazu beigetragen, Menschen an Gott zweifeln zu lassen und in den Atheismus zu treiben. Lebten wir dagegen wesentlich im Bewußtsein des Lobpreises und der Hochherzigkeit, in Antwort auf die Gratuität der Erwählung, so erreichten wir eine einladende und freundliche Gemeinschaft der Glaubenden. Haben wir die Lohn- und Strafmoral aber wirklich schon überwunden? Ich bezweifle es sehr. Doch sind wir wohl auf dem Weg, es zu tun, freilich unter starken Widerständen. Ein ganzer Block von Widerständen ist die derzeitige Welle der Restauration in unserem Kirchengefüge.

Schon Rosmini war äußerst hellsichtig in bezug auf das Lohn- und Strafsystem innerhalb der Kirche. Er hielt vor allem die Ja-Sager, die Ausgeburt jedes Lohn- und Strafsystems, für Wunden am Leib der heiligen Kirche. Das Problem der Ja-Sager stand und steht immer wieder in engem Zusammenhang mit dem Streben nach totaler Konformität weit hinaus über den Kreis der geoffenbarten Wahrheiten dogmatischer und ethischer Art. Die Inquisition war eine besonders bedenkliche Verkörperung der Manipulation durch Drohung und Strafe. Sie funktionierte auf ihre harte Weise jedoch nur in dem Maße, als Lohn- und Beförderungsstrategien hinreichend viele Ja-Sager produzierten.

Als Rosmini sein Buch über die fünf Wunden der heiligen Kirche schrieb, stand die Restauration im Rahmen der »heiligen Allianz« zwischen dem Papsttum, dem russischen Zaren, dem Kaiser und dem preußischen König in ganz hoher Blüte. Der Kirchenstaat in der damaligen Form war ein Exerzierfeld für Manipulation durch Versprechen, Beförderung und Strafandrohungen.

Wir haben uns heute auseinanderzusetzen mit dem restaurativen Versuch, absolute Konformität mit allen päpstlichen, auch den sicher nicht unfehlbaren Lehren zu erreichen durch Strafsanktionen gegen Nicht-Konformisten in Verbindung mit einer bislang in der Kirchengeschichte nie dagewesenen Machtausübung bei der Besetzung von Bischofsstühlen und der strengsten Kontrolle bei der Besetzung der theologischen Lehrstühle und anderer kirchlicher Ämter. Diese Vorgänge sind der wesentliche Punkt der gegenwärtigen Phase der Restauration und wohl auch ihre ausgeprägtesten Zeichen.

Dient das alles der Sendung der Kirche, ihrer Transparenz, ihrer Glaubwürdigkeit und Anziehungskraft über den Kreis jener hinaus, die sowieso für Manipulation anfällig sind oder gar auf dem bloßen Niveau einer Lohn- und Strafmoral leben? Die hilfreiche Antwort können nur jene geben, die dieses vormoralische Niveau hinter sich gelassen haben und sich streng prüfen, ob sie Gott und der Kirche selbstlos dienen, ganz gleich, ob dies etwas »einträgt« oder nicht. Es ist für mich und uns alle ein lauter Appell, auf dem Niveau des eucharistischen Christen zu leben in Lobpreis und Dank. Ich meine, daß die der Erneuerung zugewandten Moraltheologen auf diesem Gebiet der Überwindung einer Lohn- und Strafmoral noch einiges zu tun haben. Vielen ist dieses ganze Problem noch nicht scharf genug aufgegangen.

4. Bürger in zwei Welten

Der Kirche muß es am Herzen liegen, daß die Christen in der weltlichen Welt, in Politik, Kultur und Gesellschaft sich als mündig und verantwortungsfähig erweisen. Christen sollen, so will es die Kirche, auf allen Gebieten, sei es in der Politik, sei es auf dem Feld der Medien usw.

sich nicht manipulieren lassen. Es ist aber nicht denkbar, daß Christen, die im Innenraum der Kirche als Konformisten funktionieren, sich zu gleicher Zeit als Pioniere der inneren und äußeren Freiheit im weltlichen Raum erweisen.

Wir können und müssen von der Vergangenheit lernen. Die Lutherische Theologie vor der Zeit Hitlers bestand darauf, daß der Christ in allem der weltlichen Obrigkeit gehorche. Es handelte sich bei dieser weltlichen Obrigkeit ja ursprünglich um Landesfürsten, die sich für die Reformation Luthers entschieden hatten. Im preußischen Staat stießen protestantische Herrscher der kalvinischen Richtung auf Untertanen, die lutherisch brav gehorsam waren. Dies ergab eine seltsame Kombination von gehorsamen Untertanen und Herrschern mit einer starken Hand. So waren die frommen Lutheraner zu einem großen Teil auch Hitler gegenüber allzu fügsam.

Die katholische Morallehre kann darauf verweisen, daß sie immer schon gelehrt habe, man müsse notfalls dem Staat gegenüber ungehorsam sein, ja sogar Widerstand leisten. Doch im Endergebnis waren Katholiken Hitler gegenüber ähnlich anfällig und gehorsam wie ihre lutherischen Landsleute. Warum? Weil sich im Innenraum der damaligen katholischen Kirche die Mündigkeit des Urteils und der Mut zum Widerspruch überhaupt nicht hatten regen können.

Das Fazit: Die Kirche braucht mündige Christen, Vorhuten der wahren Freiheit und Verantwortungsfähigkeit, Pioniere auch auf dem Feld der sozialen Gerechtigkeit und der Friedenspolitik. Sie verabscheut Diktaturen. Daraus muß die Folgerung gezogen werden, daß auch im Innenraum der Kirche, vor allem auf dem vielgestaltigen Feld der Moral, der Geist der Mündigkeit gedeihen soll, und zwar so, daß ein katholischer Christ in keiner Weise anfällig ist, ein manipulierendes Spiel mitzuspielen oder sich selbst so oder so manipulieren zu lassen. Nur so und nicht anders können wir in einer kritischen Welt eine heilende und befreiende Gegenwart darstellen.

Die Kirche muß in allem, in ihrer Gesetzgebung, ihren Strukturen, in ihren innerkirchlichen Beziehungen transparent und gegen jedwede Manipulation gefeit sein. Umso mehr als wir diesbezüglich unter den kritischen Augen der Mitwelt, vor allem der Jugend, leben und wirken wollen.

5. Recht und Mut zum ehrlichen Zweifel

Wir wollen hier zwei verwandte Fragen auseinanderhalten. Die erste ist: Welche Bedeutung hat auf dem Weg der Suche nach mehr Licht, nach Wahrheit und gemäß der Wahrheit der Zweifel? Die zweite Frage stellt sich heute dramatisch im Raum der Kirche vor allem für Theologen, Priester und Bischöfe: Dürfen und sollen wir bisweilen Zweifel und Bedenken auch öffentlich äußern?

Es gibt den faulen, den dummen, den blasierten und den frivolen Zweifel, und damit ist das negative Arsenal des Zweifels noch lange nicht vollständig klassifiziert. Es gibt aber auch und muß es geben den ernsten, ehrlichen Zweifel als Ausdruck eines ehrfürchtigen Suchens nach vollerer Wahrheit. Gute Eltern und Erzieher nehmen das Fragen der Kinder, gerade auch wenn es einen Zweifel zum Ausdruck bringt, stets ernst. Sie antworten je auf dem Niveau des Kindes und entsprechend dem Ernst und der Bedeutung der Frage, des Zweifels. Wer auf dem Gebiet des Glaubens und der Moral meint, jeden Zweifel ausschließen zu müssen und anderen gegenüber den Zweifel verpönt, sieht nicht die große Gefahr der verdrängten Zweifel, die im Tiefen des seelischen Lebens ein furchtbares Unwesen treiben können. Auf allen lebenswichtigen Gebieten müssen ehrliche Zweifel ausgehalten und ausgetragen werden. Das heißt nicht, daß man anfangen soll, an allem zu zweifeln. Der gesunde Zweifel hat jedoch seinen Raum in der Liebe zur Wahrheit, im Streben nach vollerer Erkenntnis.

Eine herrschaftsfreie, aller Manipulation widerstehende Wahrheitsvermittlung ist zum einen sehr wachsam, nicht *mehr* zu behaupten, als was man ehrlich zu wissen meint; zweitens will sie die Wahrheit nicht aufoktroyieren, sondern zu ihr hinführen. Und damit muß dem Zweifel sein Raum und Recht zugesprochen werden. Wir müssen uns den Raum zu zweifeln gegenseitig durch unser ganzes Verhalten zugestehen. Der positive Zweifel kann ein erster bedeutsamer Schritt zur Bejahung und Aneignung einer Wahrheit sein. Das gilt für alle geschichtlichen Epochen, hat aber eine besondere Bedeutung und Färbung in einer kritischen und zugleich von Manipulation gefährdeten Kultur. Echte Pädagogik holt den zeitweisen Zweifel heim in die so wichtige Tugend der Unterscheidung der Geister, der Tugend der »Kritik«.

Nicht jeder Zweifel muß allerdings auch anderen gegenüber geäußert werden. Man kann ernste Zweifel nur Personen gegenüber aussprechen, die darauf nicht allergisch reagieren und uns positiv auf dem Weg nach mehr Licht begleiten und helfen können.

Es ist keine Schande, wenn ein aufrichtiger Christ durch Zweifel in seinem Glauben bisweilen angefochten wird. Doch wir beten, daß wir nicht in die Versuchung geraten, die Versuchung nicht leichtfertig suchen oder provozieren. Wir sollen uns gegenseitig stärken. Nicht selten in meinem Leben, vor allem während der letzten Jahre, wurde ich gefragt, ob ich je von Zweifeln im Glauben geplagt gewesen sei. Ich meine, daß ich bis zur Stunde ehrlich sagen kann: Mein Glaube an Gott, den allgütigen Vater, und an Christus, den Erlöser, und an den Heiligen Geist, den Tröster und Ermunterer, kam nie ernst ins Schwanken. Dies ist aber sicher nicht eigenes Verdienst, sondern Gnade. Dagegen muß ich eingestehen, daß mir nicht wenige Zweifel kamen, ob all das, was Päpste, Bischöfe und Theologen lehren, wirklich zum Ganzen des Glaubens gehört und sogar, ob es wirklich zum Ganzen unseres Glaubens paßt.

Es gehört zu unserer Aufgabe und unserem Dienst als Moraltheologen der Kirche, die Vielzahl sittlicher Normen, die gelehrt wurden oder werden, wissenschaftlich – nicht notwendig existentiell – dem Zweifel zu unterziehen, ob sie früher einmal angemessen waren, ob sie es heute noch sind. Das ist kein In-Zweifel-ziehen, sondern ein ehrfürchtiges Prüfen in absoluter Liebe zur Wahrheit und zum Guten, allerdings mit einer gewissen Bereitschaft, nach allem Forschen und Prüfen eine bestimmte kirchliche Aussage ernst zu bezweifeln. Ob ich dann diesen Zweifel nicht nur in meinem eigenen Denken und in bezug auf mein eigenes Leben zugeben, sondern auch anderen gegenüber und vielleicht sogar öffentlich äußern darf oder soll, ist eine eigene Frage, die nur in voller Mitverantwortung für die anderen und die Gemeinschaft eine Antwort finden kann.

Ich selbst habe weder vor noch nach dem Konzil alles geschrieben und veröffentlicht, was ich dachte. Aber ich war sehr bemüht, nie etwas zu schreiben, was ich für falsch hielt, und nichts als sicher hinzustellen, was mir in meinem Urteil nach reiflicher Prüfung als zweifelhaft erschien. Menschen, die mich über ethische Probleme befragen, gerade auch wenn sie mit kirchlichen Lehren zu tun haben, haben ein Recht auf eine aufrichtige Antwort. Man dient weder der Wahrheit noch der Kirche durch sogenannte »fromme Lügen«. Unserem Glauben und unserer Heilssolidarität entspricht eine höchstmögliche Transparenz. Unsere Mitchristen haben ein Recht zu wissen, was kirchliche Moraltheologen zu sie betreffenden existentiellen Fragen denken. Sie haben ein Recht, uns zu fragen, ob wir selbst von den kirchlichen Argumenten einer bestimmten Lehraussage wirklich überzeugt sind. Entziehen wir uns ohne entsprechenden Grund diesen existentiellen Fragen, so sind wir Feiglinge. Geben wir, um unsere Laufbahn und unseren Schlaf nicht zu stören, unaufrichtige Antworten, so sind wir Schwindler, schlimmer als Händler mit Falschgeld.

6. Gibt es also keine Kontrolle?

Aber sicher. Wie jede komplizierte Maschinerie Sicherheitsventile braucht, so, wenngleich ganz anders, bedarf es auf dem Gebiete der Heilswahrheiten der Vorkehrungen, uns und andere vor gefährlichen Irrtümern und Täuschungen zu bewahren.

In erster Linie nenne ich als unentbehrliches Sicherheitsventil das betende Schweigen und Fragen im Gebet vor Gott. Wir bedürfen eines lebendigen Verantwortungsbewußtseins im Angesichte Gottes. Das zweite Ventil ist der aufrichtige Dialog, die Aussprache mit weisen und frommen Mitchristen und der Dialog mit Fachkollegen. Eines der sichersten und unentbehrlichsten Sicherheitsventile ist gerade die gesittete Auseinandersetzung der Fachkollegen, auch in entsprechenden Publikationen. Wir sollen für ernste Kritik nicht nur zugänglich, sondern dankbar sein. Dieser unablässige Dialog findet unter den Augen des Lehramtes statt. Wird er in einer gesunden kirchlichen Atmosphäre geführt, hat er einen reinigenden, heilenden, erleuchtenden und befreienden Charakter. Weiß ich dagegen, daß ein bestimmter Theologe von seinem Bischof oder von Rom als gefährlich angesehen wird und ihm deshalb Maßregelungen drohen, dann werde ich in den meisten Fällen alles vermeiden müssen, was das Feuer noch verstärken könnte.

Zu viele und zu strenge Kontrollen von oben bringt die Sicherheitsventile auf der horizontalen Ebene in Unordnung.

Auch für die gegenseitige Korrektur gilt dabei unabdingbar das Subsidiaritätsprinzip. Was auf der Ebene der theologischen Diskussion gelöst werden kann, bedarf keines harten Eingriffs von einer höheren Stelle. Was auf der regionalen Ebene innerhalb eines Kulturraumes geklärt werden kann, soll nicht durch Einmischung zentraler Autoritäten geregelt werden, vor allem dann nicht, wenn diese mit der Kultur und dem Leben eben dieser Region nicht oder nicht genügend vertraut sind.

7. Das befreiende Dennoch des Lobpreises

Eine Moral der Gnade und der heilend-befreienden Gewaltfreiheit gedeiht und setzt sich durch im Raum der lobpreisenden Kirche. Eine wahrhaft eucharistische Kirche kehrt nicht zurück unter die Knute drohender Gesetzlichkeit. Sie verzagt auch in Zeiten der Krise nicht, sondern wird immer besser entdecken, daß diese in eine Wachstumskrise verwandelt werden kann und muß.

Singen wir gemeinsam mit allen Generationen und mit den himmlischen Mächten »Du allein bist der Heilige, Du allein der Höchste, Jesus Christus«, dann kann uns lächerliches Imponiergehabe und die Versuchung zu eigener Macht ebenso wenig verlocken wie eine nackte Lohn- und Strafmoral.

Nur nach dem Maß, in dem wir uns mit all unserem Denken und Sinnen und Trachten in den Lobpreis der Erlösten hineinnehmen lassen, stehen wir auf dem Boden der Moral, der Gnade und der befreienden Liebe. Heilenden Freimut gibt es nur im Kraftstrom der Lobpreisung. Auch sehr gut gemeinte Reformversuche müssen scheitern, wenn sie nicht vom Geist lobpreisender Dankbarkeit unterbaut und umfangen sind. Kirchenkritik ohne die sich durchhaltende Lobpreisung auf die Wundertaten und Verheißungen Gottes wird sauer und macht verzagt. Doch zum Dennoch des Lobpreises gehört bisweilen auch das Klagen und Seufzen. Da geben uns die Psalmen – das Buch der Lobpreisung, wie es Martin Buber nennt – guten Einblick. Eine lobpreisende Gemeinde bleibt nie im Jammern oder in der Kritik stecken. Sie ist immer schon im Aufbruch zu Haltungen und zu einem Handeln, die Gott zur Ehre und den Menschen zum Heil gereichen.

Zweiter Teil

Die Wende zeichnet sich ab

Mein Lieblingsfach war immer Geschichte. Der für mich interessanteste Teil der Moraltheologie war ihre Historie, und auch die Dogmatik wurde für mich besonders interessant durch die Dogmengeschichte. Wie könnte ich die Kirche verstehen ohne in die Kirchengeschichte zu blicken? Geschichtsstudium ist für mich nicht in erster Linie Rückblick, sondern der intensivste *Blick für das Hier und Heute,* das in seinen Konturen auf der Folie des Vergangenen sichtbar wird.

Wer so fasziniert ist durch die Vielfalt und die Dynamik der gesamten Menschheitsgeschichte, den wird immer wieder die Frage umtreiben: Wie wird es weitergehen? Wir bemerken das schon im eigenen, individuellen Leben: Die Krisen meiner Krankheitsgeschichte haben sich – gerade im Nachhinein – mehrmals als Wendepunkte, als Erfahrung neuer Gesundheit und Kraft erwiesen. Das hat sich mir bisweilen auch in Traumerfahrungen erstaunlich hoffnungsfroh abgezeichnet.

Muß der Leser nun fürchten, daß ich ihm, wenn ich jetzt im zweiten Teil dieses Buches weitere Aspekte der Gegenwart der Kirche im Blick auf ihre Geschichte zu verstehen und zu deuten versuche, Träume, und seien es auch Wachträume anbiete? Nun, warum nicht? Träume sind für mich nicht nebensächlich oder einfachhin sinnlos. Nicht selten habe ich – wieder in meiner individuellen Erfahrung –, wenn ich mich eines hohen Grades von Wohlsein erfreue, wunderschöne Träume: Es fügt sich einfach alles nach Erwartung zusammen. Bei gequälter Gesundheit sind meine Träume gewöhnlich ein Wirrsal. Das macht mich aber durchaus nicht pessimistisch, weiß ich doch – andererseits – Träume als Träume zu nehmen.

Ich erlaube mir bei vollstem Wachsein bisweilen auch Kirchenträume, die so leidenschaftlich sein können wie meine Liebe zur Kirche. Doch diese Wachträume überprüfe ich allein und mit andern sehr kritisch. Stehen sie auf dem Boden der rauhen Wirklichkeit? Gehen sie von einer sorgfältigen Analyse der jüngsten Gegenwart aus? Lassen sich die Wunschträume an Modellen vergangener Geschichte einigermaßen verifizieren?

Und danach ist für mich das Wichtigste die Gewissensfrage: Werde ich zusammen mit meinen Freunden und Freundinnen alles tun, um zu versuchen, wenigstens einen Teil dieser notwendigen Wunschträume zu verwirklichen? Überprüfe ich mein Denken, Reden und Tun, ob es Schritte auf die erwünschte bessere Zukunft hin sein können?

Ich habe mich seinerzeit als Mitarbeiter in den Vorbereitungskommissionen zum Zweiten Vatikanischen Konzil durch negative Erfahrungen, dann, wenn es überhaupt nicht weiterging und sich nichts bewegte, nicht deprimieren lassen, weil ich von Natur aus und wohl auch aufgrund von Gnade immer zuerst die ermunternden Zeichen der Zeit sah. Und deren waren auch damals nicht wenige. Und bei allen Vorbehalten gegen die Hegel'sche Geschichtsdeutung, nach der Thesis und Antithesis stets zur Synthesis führen, sehe ich doch viel Bedeutsames darin. Wer eine geschichtliche Epoche erlebt, in der sich deutlich die Dynamik von These und Antithese abzeichnet, kann bei genauer Beobachtung des Gesamtbildes wagen, auf eine neue Synthese zu hoffen. Und das ist der Fall in der Gegenwart. Im Zweiten Vatikanischen Konzil sind zwei religiös-kulturelle Geschichtsentwürfe hart aufeinander gestoßen. Das Konzil kam zu einer überraschend reichen, wenn auch freilich in einigen Punkten noch brüchigen Synthese. An ihr wird weiter gebaut. In der restaurativen Epoche des Pontifikats Johannes Pauls II. zeichnet sich, wenn auch nicht durchgehend, eine Antithesis ab. Sie ist nicht so stark, daß sie die Synthese des Konzils einfach überrollen könnte. Aber meines Erachtens hat sie doch so tief eingegriffen in das geschichtliche Bild der Kirche, daß sie, wenn sie sich als Antithese erschöpft hat, nach einer verstärkten Synthese ausgreift.

Das ist nun meine Deutung: In den letzten Jahren des Pontifikats von Karol Wojtyla hat sich ein altes Modell weithin zu Tode gelaufen, so daß eine Wende bevorsteht. Wie diese ausschaut, das wird von allen Ko-Akteuren abhängen, also auch von uns. Eine Richtung zeichnet sich ab. Alte und neue Kräfte werden deutlich spürbar.

Neues, das man kaum überschätzen kann, sind die neuen Möglichkeiten der öffentlichen Meinungsbildung. Die Kirche steht vor einer dynamischen Herausforderung zu einer erhöhten, ja teilweise neuen Transparenz (Glasnost), ohne die eine gesunde Erneuerung (Peristroika) gar nicht denkbar ist. Ich sehe sie vor allem im Prisma des Problems der öffentlichen Meinungsbildung in der Kirche und durch die Kirche.

Protagonisten der Teil-Restauration waren und sind zwei hochbegabte Männer, Karol Wojtyla und Joseph Ratzinger. Beide haben meisterlich die modernen Kommunikationsmittel eingesetzt. Sie sind in vieler Hinsicht moderne Männer von ungewöhnlicher Energie und Begabung. Beide haben das Konzil als Akteure miterlebt und manches wirksam vorangetrieben. Hinter ihnen standen und stehen viele fromme, gläubige Katholiken, vor allem solche, denen Gehorsam und fest gefügte Ordnung die tragenden Grundwerte der Kirche sind. Wohl nicht wenige dieser Frauen und Männer wurden durch die restriktive Deutung des Konzils seitens dieser beiden Protagonisten zu einer grundsätzlichen, wenngleich nur modifizierten Annahme des Konzils bewogen.

Ich vermute, daß viele Anhänger der Linie des Wojtyla-Papstes gehorsame Gefolgsleute des nächsten Papstes sein werden, auch wenn dieser die Kirche aus gewissen Verengungen herausführen wird. Sie werden wohl allmählich lernen, daß ihr Gehorsam immer mehr von dem umfassenderen Paradigma der Verantwortung und Mitverantwortung geprägt sein muß. Aber ich fürchte auch, daß die kommende Phase der Kirchengeschichte mit gewissen Altlasten aus dem Versuch restriktiver und restaurativer Konzilsauslegung zu rechnen haben wird. Die Altlasten, mit denen wir rechnen, befinden sich nicht nur in den Köpfen, sondern in einer ganzen Reihe von Strukturen, die Grund zur Besorgnis sind. Doch wurden die Macht- und Kontrollstrukturen in den letzten fast zwei Jahrzehnten derart überbetont und gestärkt, daß sie von sehr vielen Zeitgenossen nun erst recht leicht indentifiziert und als überholt entlarvt werden können. Das versuche ich im zweiten Teil dieses Buches anschaulich zu machen.

I. Die Macht der öffentlichen Meinungsbildung

Eine der größten Errungenschaften der modernen Demokratien ist die Freiheit der Meinungsäußerung. Die Päpste des letzten Jahrhunderts waren noch ausgesprochene Gegner der freien Meinungsäußerung. Trotzdem wurde das I. Vatikanische Konzil zum Anlaß heftigen Meinungsstreites auch in der Öffentlichkeit. Mit Leo XIII. begann dann auch kirchenoffiziell ein Umschwung. Doch erst Pius XII. sprach sich freimütig und nachdrücklich zugunsten der öffentlichen Meinungsbildung auch im Innenraum der katholischen Kirche aus. In seiner bedeutsamen Ansprache vom 20. Februar 1950 betont er, daß auch die Kirche ähnlich wie die weltliche Gesellschaft einer gesunden öffentlichen Meinungsbildung bedürfe: »Es würde etwas in ihrem Innenleben fehlen, wenn ihr die öffentliche Meinung fehlte – ein Fall, für den die Schuld auf die Hirten sowohl wie auf die Gläubigen zurückfiele.«[13]

Noch viel deutlicher wird dann die Meinungsfreiheit in Gesellschaft und Kirche in der Pastoralkonstitution über die soziale Kommunikation hervorgehoben, und das II. Vatikanische Konzil war gewissermaßen eine konstruktive Explosion der freien Meinungsäußerung, nicht nur innerhalb der Konzilsaula und der Kommissionen, sondern in aller Welt, in allen Kreisen und in fast allen Organen der Meinungsbildung. Nur wer die stickige Luft in den meisten, von Kurialen beherrschten Vorbereitungskommissionen mit der Erfahrung innerhalb des Konzils vergleichen kann, ahnt den qualitativen Sprung. Es war so etwas wie ein Fest der Ehrlichkeit im Denken und Sprechen. Hand in Hand damit ging eine neue Leidenschaft in der Wahrheitssuche und im ihr entsprechenden Ausdruck.

Die Macht der öffentlichen Meinungsäußerung kam später beispielhaft zum Ausdruck nach der Enzyklika *Humanae vitae* über die Fragen der Geburtenregelung. Papst Paul VI. und die römische Kurie waren davon schlechthin überrascht. Es gehörte zur Größe von Paul VI., daß er keine repressiven Maßnahmen ergriff oder autorisierte. Erst gegen Ende seines Pontifikates wurde die Glaubenskongregation wieder voll aktiv im Versuch der Repression abweichender Meinungen, doch im Wesentlichen ohne Erfolg.

Der Pontifikat Johannes Pauls II. ist dagegen gekennzeichnet von einer ganzen Reihe von Maßnahmen, die zum Ziel hatten, Meinungsäußerung nur als positive Auslegung päpstlicher Verlautbarungen zuzulassen. Immer wieder werden die Theologen, vor allem die Moraltheologen ermahnt, die päpstlichen Aussagen zur verbindlichen Richtschnur all ihrer Bemühungen zu machen. Es geht dabei hauptsächlich, wenn auch nicht ausschließlich, um das Gesamtgebiet der Sexuallehre, zu der zahllose und umfassende Äußerungen des Papstes vorliegen.

In diesen Rahmen gehört selbstverständlich auch und ganz besonders die vermeintliche Unfähigkeit der Frau für den priesterlichen Dienst. Für die Durchsetzung eines diesbezüglichen Konsenses wurden die stärksten Mittel eingesetzt, das gewichtigste ist der auferlegte Treueid gegenüber dem päpstlichen Lehramt, und zwar weit hinausgehend über das Gebiet unfehlbarer Glaubens- und Sittenlehren. Legen Priester und Theologen, wie es verlangt wird, diesen Treueid ab, dann können sie in bezug auf jeglichen Dissens zusätzlich des Eidbruchs angeklagt werden. Dies ist absolut neu. Die deutsche Bischofskonferenz hat bislang dazu einfachhin geschwiegen, offenbar in der Überzeugung, daß ein solcher Treueid uns unzumutbar sei. Seminaristen aus einer Diözese, in der der Bischof den Treueid verlangte, kamen zu mir, um Rat zu suchen: Können sie trotz innerer Vorbehalte den Eid ablegen, um überhaupt zum Priestertum zugelassen zu werden? Das Dilemma ist erschütternd. Ich dachte an meine eigenen Hemmungen bei der früher vorschriftsgemäßen Ablegung des Modernisteneides. Die kurialen Vertreter in der vorbereitenden Glaubenskongregation wollten, daß zu Beginn des Konzils alle Konzilsväter den Modernisteneid erneuern sollten. Es war befreiend, daß darauf Johannes XXIII. klar entschied, daß kein Eid verlangt werde. Und wie viele haben aufgeatmet, als dann bald der Antimodernisteneid ganz abgeschafft wurde.

Der neu verlangte Treueid gegenüber dem päpstlichen Lehramt ist jedoch nicht die einzige repressive Maßnahme. Es wird vielmehr eine grandiose Gesamtstrategie aufgeboten: strenge Kontrolle bei der Zulassung von Theologen und Theologinnen im Blick auf diese umstrittenen Lehren. Ich kenne eine ganze Reihe von Theologen aus aller Welt, denen aufgrund von Meinungsäußerungen, die dieses Gebiet betrafen, die Lehrerlaubnis verweigert oder entzogen wurde.

Der Kern der päpstlichen Strategie »zur Wahrung der Einheit« liegt jedoch in der sorgfältigen Auswahl der Bischofskandidaten mit Rücksicht auf Ihre Treue zum Papst. Darüber hinaus wurde allen Bischöfen wenn nötig klar gemacht, daß sie sich konform zu verhalten und zu äußern hätten. So erzählte mir z.B. der ehemalige Bischof von Rottenburg, Georg Moser, daß ihm der Papst sehr energisch sagte, daß die deutschen Bischöfe die sogenannte Königsteiner Erklärung zu *Humanae vitae* ausdrücklich zurückzunehmen hätten. Moser berichtete mir, daß er dieses als Zumutung verstandene Verlangen entschieden zurückgewiesen habe. Doch die Frage stellt sich unvermeidlich: Wie viele Bischöfe würden in gleichen und ähnlichen Situationen die gleiche innere Freiheit und den gleichen Freimut des Wortes aufbringen?

Für mich und für viele Zeitgenossen ist der »Fall Gaillot« eines der deutlichsten Zeichen der sich ankündigenden Wende. Der Papst und seine engsten Mitarbeiter haben hier überdeutlich kundgetan, daß sie auch in Dingen, die mit keiner klaren Glaubenswahrheit etwas zu tun haben, Konformismus durchsetzen wollen. Angstfreies Aussprechen von eigenen Überzeugungen und innovative pastorale Praxis werden als »Dissens« gebrandmarkt. Und man bedenke, wie sehr dieses Wort schon seit geraumer Zeit durch Treueide und Strafsanktionen bei vielen den Eindruck einer »drohenden Kirche« hervorruft.

Gaillot wird von vielen Seiten her bestätigt, daß er nie etwas geäußert oder getan hat, das mit Häresie zu tun hätte. Was ihn und seine vielen Freunde auszeichnet, ist die Sorgfalt in bezug auf absolute Transparenz, das gewissenhafte Meiden eines »diplomatischen« Umgangs mit der Sprache. Dazu sein fröhlicher Glaube und seine Selbstverpflichtung auf die evangelische Gewaltfreiheit. Ich habe noch nie gehört, daß Gaillot irgend ein hartes Wort gegen den Papst oder gar eine Beschimpfung ausgesprochen hätte. Man hat ihm eine nicht mehr bestehende Diözese in der Wüste als Bischofssitz zugesprochen. Gerade das hat schärfstens deutlich gemacht, welche Art von Wende bevorsteht. Die Wüste fing nämlich zu blühen an, als allüberall sich Stimmen meldeten: »Wir gehören zu Partenia.« Und neuerdings ist Bischof Gaillot im Internet. Partenia wurde zu einer blühenden »Diözese« ohne Kontrollen, ohne Bürokratie, aber mit einem Höchstmaß an Dialog.

Nicht weniger deutlich zeichnete sich die Wende ab im Konflikt, in den die drei oberrheinischen Bischöfe Lehmann, Saier und Kasper gerieten durch einen überaus maßvollen und differenzierten Versuch, in der Pastoral der Geschiedenen dem heutigen Stand der Theologie und den besonderen Nöten in heutiger Zeit entsprechend etwas in Bewegung zu setzen. Es war nur ein sehr vorsichtiger Schritt in Richtung der Oikonomia der orthodoxen Kirchen. Dreimal mußten die drei Bischöfe nach Rom pilgern, und man vernimmt immer wieder die Vermutung, daß die Reaktion des Papstes sehr viel härter ausgefallen wäre, hätte nicht Kardinal Ratzinger vermittelt. Das Entscheidende ist aber auch in diesem Ereignis, daß sich die drei genannten Bischöfe absolut würdevoll, aufrecht, aufrichtig und gewaltfrei verhalten haben. Die Wende hat demnach eine evangelische Qualität der Echtheit.

Die beiden hier angedeuteten Vorfälle fanden ein bislang unerhörtes und weltweites Echo, das die Wirkung vielfach potenzierte. Nennenswert erscheint mir vor allem ein sehr sanftes Echo im englischen Katholizismus. Der hochangesehene und vornehm bescheidene Kardinal Basil Hume entschuldigte sich vor aller Öffentlichkeit für die Unbill, die den Geschiedenen durch eine völlig undifferenzierte Pastoral zugefügt werde.

Was Pius XII. 1950 im allgemeinen angekündigt hatte über die unersetzliche Rolle der öffentlichen Meinungsbildung, wird jetzt unübersehbar und kraftvoll deutlich, und zwar gerade angesichts stärkster vatikanischer Bemühungen, einen Konsens notfalls auch mit harten Maßnahmen durchzusetzen. Man ließ die Rede von der »Einheit«, die in Wirklichkeit auf einen erzwungenen Konformismus abzielte, nicht mehr einfachhin gelten. Im Gegenteil, das Gesamt der Problematik aller Maßnahmen, die den Konformismus garantieren sollten, wurde nun orchesterhaft kritisiert. So deutlich wie fast noch nie wurde das Neue spürbar. Kraft der Möglichkeit öffentlicher transparenter Meinungsbildung erwachte der »schlafende Riese«, von dem der Konzilsbeobachter der Methodisten, Professor Outler, anläßlich des Konzildekrets über die Laien sprach.

Das bis in die Mitte unseres Jahrhunderts hinein wirksame Modell der Kirchenleitung erstrebte nach langem Zögern in Staat und Gesellschaft einen bis zu einem gewissen Grad kritischen und unterscheidungsfähigen Christen. Im Innenraum der Kirche zielte alles dagegen bleibend auf den folgsamen, unkritisch gehorsamen »Untertan« ab. Alle Äußerungen des Papstes sollten absolut unkritischen Gehorsam und feste Zustimmung finden.

Man muß heute wieder daran erinnern, wie katastrophal sich dies im Kontext des des Nationalsozialismus auswirkte. Das nunmehr auslaufende Modell wollte einen »gespaltenen Christen«: Er sollte im weltlichen Raum eine Tugend üben, die im Innenraum der Kirche tabu war, die Tugend der Kritik. Unser aller Tugend hängt aber davon ab, ob sich die Christen im Gesamt geschichtsgerechten Handelns und Denkens durch Verantwortungsbewußtsein, Unterscheidungsfähigkeit und Freimut auszeichnen. Auch für den Innenraum des kirchlichen Lebens muß sich die Überzeugung fruchtbar machen, daß der Geist Gottes »in allen und durch alle wirkt«.

Bei all dem darf das wohl ernsteste Phänomen nicht übersehen werden: die wachsende Glaubensnot angesichts der unverhältnismäßigen Einforderung von Aussagen, die sicher nicht zum Kern des christlichen Glaubens gehören. Die Konzentrierung auf den sicheren Kern tut not.

In der sicherlich nicht ruhmreichen Geschichte der Inquisition und ihrer Rechtsnachfolgerinnen wurden offenbar mit »gutem Gewissen« unter hartem Druck Widerrufe und Konformitätserklärungen verlangt, um nicht zu sagen erpreßt. Die Frage, ob diese guten Gewissens geleistet werden könnten, kam bei diesen Autoritätsträgern offenbar gar nicht auf. Bis in die jüngste Zeit funktionierte dieses Modell, allerdings nur was ihre Effizienz anbelangt.

Meines Erachtens müssen wir diesbezüglich von sündhaften Strukturen sprechen. Sünde laden heute auf sich jene, die daran etwas ändern könnten, aber aus unlauteren Motiven oder aber aus mehr oder weniger verschuldeter Blindheit nichts tun. Bis zum II. Vatikanischen Konzil war dieses System auch deshalb so effizient, weil alle, die dabei wegen ihrer Ehrlichkeit unter die Räder kamen, auch in ihrem kirchlichen Milieu wie »Aussätzige« behandelt wurden. Darüber haben sich einige der hart Getroffenen mit mir selbst ausgesprochen. Und gar mancher ist unter diesen Erfahrungen zusammengebrochen.

Die neuerlichen Versuche, Konformismus mit Treueiden und Druckmitteln zu erzwingen, sind auch deshalb zum Scheitern verurteilt, weil eine neue Solidarität innerhalb der Kirche, vor allem auch innerhalb der Gemeinschaft der Theologen und Theologinnen im

Wachsen ist. Es geht dabei keineswegs um eine Revolte gegen die päpstliche Autorität. Es besteht sogar eine hohe Bereitschaft, auf den Papst zu hören und seine Aussagen ernst zu überdenken. Doch der spirituelle Raum dieses Hörens auf den Papst ist das gemeinsame Hinhören auf den *Parakletos*, den Heiligen Geist, den Ermunterer, und die dankbare Hochschätzung der Geistesgabe der *parrhesia*, des Freimuts. Aus der Treue zu dem, der sagen kann: »Einer ist euer Lehrer« (Mt 23,8), ergibt sich auch ein intensives Hinhören auf das ganze Gottesvolk, vor allem aber auf die Armen und nicht zuletzt auch auf jene, die ins Abseits geraten sind oder in Gefahr sind, ins Abseits zu geraten.

Nicht künstlich oder gar schlau zustande gekommene Einstimmigkeit charakterisiert die Kirche Christi, sondern das Zusammenstimmen in der Liebe bei aller Vielfalt der Stimmen, und das solidarische Bemühen, die Zeichen der Zeit zu deuten und tiefer in die Glaubenswahrheit einzudringen. Fallen alle Strukturen des Mißtrauens weg, so wächst auch die Offenheit in gegenseitiger Korrektur und insgesamt im Hören aufeinander.

Nach allen leidvollen Erfahrungen kann mit aller Festigkeit gesagt werden: Es gibt keinen Weg zurück zu einem Doppelparadigma – Verantwortungsethik im Raum der weltlichen Welt und Gehorsamsethik unkritischer Art im Raum der Kirche und ohne kirchliche Anerkennung würdevoller Gewissenhaftigkeit und totaler Ehrlichkeit. Die leidvollen und tragischen Erfahrungen im Dritten Reich weit über Deutschland hinaus hätten schon längst fruchtbar werden sollen für das Leben der Kirche und ihre Aufgabe in der Welt.

Die kirchliche Strategie der Vereinheitlichung der Zustimmung zu kirchlichen Lehraussagen mit Hilfe von Treueiden und drohenden Sanktionen ist ein für allemal gescheitert. Unter anderem haben das die Kirchenvolksbegehren in verschiedenen Ländern der Welt überdeutlich gemacht. Der schlafende Gigant, den man einst den »dummen Laien« genannt hat, ist als »Volk Gottes« erwacht und rüttelt und schüttelt die noch Schlafenden wach. Das Neue ist, wenngleich bisweilen leidvoll, in vollem Erwachen. Mit voller Zuversicht dürfen wir sagen: Das alte Modell der Kirche ist am Auslaufen, Neues zeichnet sich klar ab.

Der Papst, der das Schifflein Petri mit starker Hand leiten wollte, leidet unter der gegebenen Situation und klagt heftig über ein »Gegenmagisterium«. Das ist ein bitteres Mißverständnis. Aufrechte Bischöfe, zahllose Theologinnen und Theologen, sogenannte »Laien«, ausgezeichnet durch hohe Kompetenz sowohl in Theologie und in Fragen der wichtigsten Humanwissenschaften, verstehen sich keineswegs als »Gegenmagisterium«. Sie wissen sich in Dienst genommen von dem Magisterium schlechthin, von dem einen Lehrer und Meister, Jesus Christus, beseelt und ermutigt von dem einen Parakletos, der durch die Vielfalt seiner Gaben und Charismen wirkt. Sie hören auf das Lehramt der Heiligen und auf prophetische Stimmen, die durch Mut und Demut beglaubigt sind. Sie hören auf die »Armen«, »Ausgestoßenen«, auf den Schrei des ausgeplünderten Planeten Erde. Und sie hören selbstverständlich, wenngleich kritisch, auf die Stimme des Papstes.

Und vielfach hören sie in den großen Fragen besser auf ihn als die braven Ja-Sager. So beispielsweise in Fragen der Sexualethik. Ich habe soeben das Buch von Bernhard Fraling *Sexualethik. Ein Versuch aus christlicher Sicht* gelesen. Da ist keine Spur von Gegenmagisterium, sondern ein feines Hinhören auf die vielen Stimmen, Überlegungen, Erfahrungen im Angesicht des »einen Meisters«. Sie dienen dem ganzen Volk Gottes und so auch der päpstlichen Aufgabe.

Die Pflege absoluter Ehrlichkeit und Transparenz im Innenraum der Kirche ist zusätzlich stark motiviert durch unsere Sorge, daß doch die Kirche vor der kritischen Welt gerade dadurch glaubwürdig empfunden werde. Die kritische Welt will klar sehen, daß wir alle insgesamt und jeder/jede einzelne leidenschaftliche Wahrheitssucher und so glaubwürdige Dialogpartner sind. Es ist ein tragischer Irrtum, sollte jemand meinen, die entscheidenden Eliten der heutigen Welt ließen sich durch einen kompakten Konformismus in der Kirche auch nur im geringsten imponieren.

Öffentliche, dialogbereite und absolut ehrliche Meinungsbildung im Raum unserer Kirche ist auch unerläßlich für den Dienst an der ökumenischen Versöhnung. Würden im offiziellen ökumenischen Dialog nur die Lehrauffassungen des Papstes, trotz breiter theologischer Abweichung im gesamten Leben der Kirche, eingebracht werden, so wäre das ganze Unternehmen zum Scheitern verurteilt. Die von uns noch getrennten Teile der Christenheit haben ein Recht, kritisch nachzufragen, ob die katholische Kirche auf allen ihren Ebenen eine zuverläßliche Lerngemeinschaft bildet. Nur so können wir im Angesicht des einen Meisters und Lehrers voranschreiten zu versöhnter Einheit in gesunder Vielfalt. Müßten jedoch die getrennten Brüder und Schwestern wahrnehmen, daß innerhalb der katholischen Kirche ein systematischer Druck in Richtung Konformismus ausgeübt wird, so wäre ihre Entmutigung nur zu begreiflich.

Ich habe nach allem den Eindruck, daß Theologen und Theologinnen allüberall die harte Prüfung, der sie in letzter Zeit ausgesetzt waren, würdevoll bestanden haben. Die Ehrlichkeit und Dialogbereitschaft obsiegt weithin. Die Horizonte haben sich geweitet. Trotz feinfühligen Gewahrwerdens eines obrigkeitlichen Drucks in Richtung eines nicht ganz ehrlichen Uniformismus spürt man insgesamt kaum einen Geruch von »Antimagisterium« oder Rebellion. Die Tiefe, Breite und Weite der ökumenischen Lernbereitschaft ist im Wachsen. Man hört die Stimme Roms nicht in losgelöster Isolation, sondern in dem Gesamthorizont des Hinhörens auf das Wort Gottes und den Herrn der Geschichte.

Gelingt es den Theologinnen und Theologen in harter Arbeit und in steter Pflege des Dialogs, die vielen neuen Einsichten und Überlegungen für alle einzubringen, so dienen sie damit der ganzen Kirche und Christenheit, ja der ganzen Menschheit, und selbstverständlich so nicht zuletzt auch dem päpstlichen Dienst an Wahrheitssuche und Einheit.

Die Frage gesunder öffentlicher Meinungsbildung ist in diesem unserem Zeitalter der Medien, der weltweiten Kommunikation in vielen Stimmen, Gestalten und Kanälen, in diesem kritischen und zugleich der Manipulation ausgesetzten Zeitalter ein dringliches Kernanliegen gerade auch der Kirche auf allen ihren Ebenen. Was darf und soll man diesbezüglich von der Kirche erwarten? Ich versuche, in Kürze zu antworten: Die Kirche als ganze muß eine prophetische Stimme sein, eine Botschafterin der befreienden Wahrheit, ein Ort des Freimuts, eine Erzieherin zur Unterscheidungsgabe (zur Tugend der Kritik). In all dem ist nicht letztentscheidend, was die Kirchenleitung der Welt durch Botschaften sagt. Viel bedeutsamer ist, ob die Kirche auf allen Ebenen ein Modell der Transparenz und des allseitigen unmanipulierten Dialogs ist. Losgelöst von einer dynamischen Verwirklichung des Modellcharakters der gesamten Kirche diesbezüglich sind oder wären schöne Freiheitsbotschaften und Doktrinen über freiheitliche Strukturen bestenfalls unwirksam, im schlimmsten Fall ein provozierendes Ärgernis.

Dieser ganze Fragenkomplex ist machtvoll ins öffentliche Bewußtsein getreten angesichts der Kirchenvolksbegehren zuerst in Österreich und Deutschland und dann in vielen anderen Ländern. Es war wahrhaftig keine Abstimmung über Glaubenswahrheiten, sondern ein kraftvolles öffentliches Ereignis freier Meinungsbildung, Meinungsäußerung in Fragen, die das Wohl der ganzen Kirche betreffen.

Sehr viele Bischöfe haben sich anläßlich dieses Ereignisses wahrhaft nicht heroisch gezeigt. Vielfach hörte man die Vermutung, daß solche Bischöfe »schielen«, d.h. zuerst auf den Vatikan schauen und hören und nur das zu denken und sagen wagen, was dort gut »ankommen« würde. Ich bin überzeugt, daß die Kirchenvolksbegehren in bezug auf das freiheitliche und freimütige Fließen der Meinungsbildung in Kirche und Welt ein hervorstechendes Zeichen der sich abzeichnenden Wende hin zu einer neuen Kirche sind. Sollte sich die Kirchenführung diesem »Zeichen der Zeit« verschließen, so würde sie viel an Autorität, Glaubwürdigkeit und Anziehungskraft verlieren.

Ich habe das Vertrauen, daß diese Ereignisse dazu beitragen, daß die Kirche in Zukunft sympathische Strukturen für den Fluß der Meinungsbildung in der Kirche einbringen wird. Dann kann sie auch hoffen, ihre Berufung, eine prophetische Stimme für die Welt zu sein, besser zu erfüllen.

Papst Johannes XXIII. und das von ihm einberufene II. Vatikanische Konzil haben aus freiem, wohl bedachtem Entschluß auf Infallibilitätsäußerungen gänzlich verzichtet. Das hat ihre Autorität und Glaubwürdigkeit zweifellos gestärkt. Unter dem Pontifikat von Johannes Paul II. hat man dagegen in aller Welt viel geschrieben von einem »schleichenden Infallibilismus«. In den letzten Jahren sprach man von galloppierendem Infallibilismus. Nicht wenige Aussagen des Papstes in seinen letzten Enzykliken liegen der Betonung und Formulierung nach hart an der Grenze von Unfehlbarkeitsaussagen. Immer öfter hört man die Meinung, dieser Papst sei sich seiner Unfehlbarkeit sehr bewußt. Über den mißglückten Infallibilisierungsversuch in der Frage der Frauenordination wird später im Abschnitt über die Rolle der Frau in der Kirche von heute ausführlich die Rede sein. Hier kommt diese Aussage nur im Hinblick auf gesunde Machtstrukturen in der Kirche zur Sprache.

Das I. Vatikanische Konzil war und ist bis heute ein unvollendetes Konzil, obwohl das II. Vatikanische Konzil seine Kernfragen vielfach aufgegriffen hat. Der gesamte Fragekomplex um Jurisdiktionsprimat und Unfehlbarkeit des Papstes sind die Hauptstolpersteine des Ökumenismus, aber nicht weniger auch Ursache innerkirchlicher Probleme. Es ist ermutigend, daß der gegenwärtige Papst in seiner Enzyklika *Ut unum sint* dies mit aller Deutlichkeit zugegeben und zugleich die Bereitschaft ausgesprochen hat, sich diesbezüglich auf einen Dialog einzulassen.

Das II. Vatikanische Konzil hat trotz heftigen und leidenschaftlichen Widerstandes der alten vatikanischen Garde das Thema der Kollegialität aufgegriffen und tiefgründig bedacht. Doch im verständlichen

Bemühen, eine annähernde Einstimmigkeit in den Beschlüssen zu erreichen, wurden einige bedenkliche Kompromisse in Kauf genommen. Ich gehörte zu den nicht wenigen Konzilstheologen, die der feste Überzeugung waren, die nunmehr durch das Konzil ausgelöste Dynamik würde sich schließlich in Richtung einer wirksamen Dezentralisierung, eindeutiger Subsidiarität und kraftvoller Kollegialität auswirken.

Dies hätte auch durchaus zutreffen können. Doch es kam anders als wir gehofft hatten. Wohl noch nie hat sich in der Kirche ein solcher zentralistischer Machtapparat entwickelt wie unter dem langen Pontifikat Johannes Pauls II. Mir scheint, daß jedoch auf lange Sicht die Losung, die Papst Johannes durch sein ganzes Beispiel für die Zukunft gab, schließlich eine durchgreifende Wirkung haben wird.

Der allmähliche Machtzuwachs des Bischofs von Rom ging in der Geschichte bisweilen Hand in Hand mit der Verweltlichung des Amtes. Von Gregor dem Großen ließe sich heute leicht der Weg zu *evangelischer Selbstbescheidung* lernen. Gregor war sehr darauf bedacht, in keiner Weise den Einfluß, die Ehre und die Autorität der traditionellen Patriarchate mindern zu lassen. Bischöfe und Päpste sind ja auch gemäß deutlicher biblischer Weisung in keiner Weise Abbilder irdischer Herrscher, sondern berufen, Nachahmer des demütigen Gottesknechtes zu sein. Sie dürfen nicht versuchen, durch Pracht und prunkvolle Titel zu imponieren, sondern sollen auch in Ausübung ihres Amtes zur Schlichtheit einladen.

Papst Paul VI. hat geschickt und feinfühlig das Konzil zu einem guten Ende geführt. Er durfte noch an dem Nimbus seines schlichten Vorgängers teilnehmen und zwar zurecht. Sein wohl größter Fehler war, daß er sich von Ratgebern dazu drängen ließ, in seiner Enzyklika *Humanae vitae* entgegen dem Votum der übergroßen Mehrheit der von ihm ernannten Kommission sich auf das Votum der kleinen Minderheit festzulegen und damit auch die Gesamtkirche in dieser Richtung in Pflicht zu nehmen. Er hätte die Frage der Empfängnisverhütung ruhig offen lassen können, und niemand hätte es ihm wohl verübelt, wenn er öffentlich erklärt hätte, daß er ähnlich denke wie jene Minderheit. Papst Paul war von dem starken protestierenden Echo auf seine Erklärung überrascht und äußerst betroffen. Doch er gab meines Erachtens ein schönes Zeugnis pastoraler Toleranz, in der Ehrfurcht vor dem Gewissen der Gläubigen.

Anders reagierte der harte Kern jener Ratgeber, die den Papst zu der tragischen Entscheidung gedrängt hatten. Zu seinen Ratgebern zählte damals auch Karol Wojtyla, der in der Kommission auf seiten der Minderheit stand. Wieviel Leid wäre der Kirche erspart geblieben, wenn man in Rom endgültig der Härte abgesagt hätte!

Der Nachfolger Petri muß nicht der beste Theologe sein. Er ist vor allem dazu berufen, ein mitreißendes Zeugnis des Glaubens an den Gottesknecht und Gottessohn Jesus Christus zu geben und als Hirte die Einheit bei aller Verschiedenheit zu fördern. Die Einheit der Kirche ist nie an dem Bekenntnis der Grundwahrheiten gescheitert, sondern jeweils dann, wenn man sich in Fragen entzweite, die man ohne Schaden für das Zeugnis am Evangelium zeitweise hätte offen lassen können.

Ein erster und großer Schritt in eine neue Richtung könnte in diesem Zusammenhang eine eindeutigere »Eingrenzung« (Definition) sowohl des Jurisdiktionsprimats wie auch der päpstlich-kollegialen Unfehlbarkeit sein. Auf allen Ebenen, vor allem auf der höchsten Ebene des Kollegiums der Nachfolger der Apostel müßte der Dialog demütig und offen gepflegt werden. Alle größeren Entscheidungen müßten kollegial (synodal) abgestützt sein. Der römische Apparat müßte deutlich verkleinert werden. Auf Kardinäle könnte man ganz verzichten. Der Papst sollte nicht selbst die Wähler seines Nachfolgers bestimmen. Die Vollmachten und Aufgaben der Bischofskonferenzen und ihrer regionalen Zusammenschlüsse müßten aufgewertet werden. Die Papstwahl müßte international repräsentativ sein, auch unter Teilnahme von Frauen, etwa als Vertreterinnen der internationalen Frauenverbände.

Auch der Modus der Bischofswahlen müßte nach dem Urbild des ersten Jahrtausends gründlich neu geregelt werden. Ich sehe auch keine Notwendigkeit, daß jede Bischofswahl von Rom überprüft und bestätigt werden sollte. Hier könnte man leicht auf Vorbilder aus dem ersten Jahrtausend zurückgreifen.

Dem Bischof von Rom würden auch unter dieser Voraussetzung mehr als genug Aufgaben zustehen. Nur die wichtigsten seien genannt: ein weltweites Vorbild zu sein als Diözesanbischof von Rom und Metropolit, eventuell auch noch in Ausübung eines etwa auf Italien eingeschränkten Patriarchates, als Schiedsrichter in der ganzen katholischen Welt, wann immer es eines obersten Schiedsrichters bedürfen sollte.

Der Bischof von Rom wäre ein Angelpunkt im ökumenischen Einheitsstreben. Durch regelmäßig einberufene Synoden, deren Vorsteher selbstverständlich der Bischof von Rom wäre, würden die jeweils brennenden Probleme der Gesamtkirchen synodal behandelt und wenn nötig entschieden.

Aus ihrer Asche könnte vielleicht auch eine ganz neue Art von Glaubenskonkregation entstehen in enger Zusammenarbeit mit den entsprechenden Kommissionen der Bischofskonferenzen und Regionalkonferenzen. Vielleicht würde sie auch ein Organ im Dienste der Bischofssynode, die das eigentliche Beratungsorgan für den Papst sein könnte.

Müßte der Papst in einer solchen Struktur notwendig auch der oberste theologische Lehrmeister, sozusagen die Verkörperung des »Lehramtes« im strikten Sinne sein? Auf jeden Fall wäre es großartig, wenn der Papst Verkörperung der Kirche als *Lernmeisterin* wäre, mit dem Blick immer auf Christus: »Einer ist euer Meister: Christus.«

Angesichts der Tatsache, daß es heute sehr vielen Menschen vergönnt ist, ein hohes Alter zu erreichen, dürfte es sich sehr nahelegen, daß der Bischof von Rom nur für eine begrenzte Zeit gewählt würde. Zum mindesten müßte er in der Frage des Rücktrittalters den anderen Bischöfen der Welt gleichgestellt werden. Die Diözese von Rom und die Weltkirche haben ein Anrecht auf einen Papst, der seine Aufgabe mit voller Frische erfüllen kann.

Ich kann mir nicht vorstellen, daß ein ökumenisch angenommener oder wenigsten annehmbarer Bischof von Rom seine kostbare Zeit mit so unnützen Dingen vertun würde wie etwa mit der Ernennung von päpstlichen Ehrenprälaten.

Das Kennwort für die Zukunft des Bischofs von Rom wird sein: evangelische Schlichtheit.

III. Zukunft der Kirche und die Frauenfrage

Zu den am meisten belastenden Erbschaften des Papsttums gehören neben einer weitgehenden Angleichung an monarchische und absolutistische irdische Herrschaftsformen die patriarchalische Befangenheit gegenüber der Stellung und Würde der Frau. Zu den unleugbaren Errungenschaften der Neuzeit zählt demgegenüber die zunehmende Demokratisierung in fast allen Erdteilen und damit auch die Anerkennung der vollen Ebenbürtigkeit der Frau.

In beiden Punkten kann und muß die katholische Kirche weithin aufholen im Blick auf die apostolische Zeit und in der ständigen Schau auf Jesus. Die Kirche als ganze und insbesondere die Kirche von Rom muß beschämt und bußfertig zugeben, daß sie sich in Fragen betreffend der Rolle und Würde der Frau weitestgehend dem jeweiligen patriarchalen Zeitgeist angeglichen hat. Ich meine, daß der Geist des Evangeliums in neuester Zeit mit dazu beigetragen hat, daß die Frau allmählich in ihrer gesellschaftlichen Stellung aufgewertet worden ist. Aber der jeweiligen Kirchenführung dürfte da kaum viel Kredit gegeben werden.

Ein Beispiel: Ein Vierteljahrhundert lang war ich geistlicher Beirat eines Säkularinstitutes von Frauen, die inmitten der Welt und zum Teil auch in leitenden Positionen standen. Alle Älteren, die Universitätsbildung hatten, konnten diese nur im Widerspruch zu den damaligen bischöflichen Weisungen erreichen. Sie studierten an Universitäten als tiefgläubige junge Frauen, aber im sinnvollen Ungehorsam gegen bischöfliche Weisungen. Es ist ein Wunder, daß diese Frauen trotzdem von so großer Liebe für die reale Kirche beseelt waren. Zum Teil schreibe ich das Kardinal Faulhaber zu, der als junger Bischof ihr geistlicher Berater war und der von ihnen auch lernte, was Stellung und Aufgabe der katholischen Frau in Welt und Kirche sein könnten.

In einzelnen deutschen Diözesen wirken heute bereits einige Diözesan-Rätinnen in entscheidenden Gremien mit. Im Vatikan steht noch keine einzige Frau in einer verantwortlichen Stellung. Bei Zulassung von Frauen für die Universitätslaufbahn war der Vatikan bislang nur eine Bremsbehörde. Man darf wohl sagen, daß die römische Kirche in der Frauenfrage um Meilen hinter der weltlichen Gesellschaft zurückliegt.

In der Weltkirche insgesamt zeichnet sich jedoch ein großartiges Erwachen ab. Sie hat Tausende von hoch qualifizierten Theologinnen, und ihre Zahl wächst rasch. Was wäre die Kirche ohne die zahllosen Religionslehrerinnen und Katechetinnen? Weithin steht die Frau bereits als Seelsorgerin in der ersten pastoralen Linie, z.B. in den Anden, wo Hunderte von Pfarreien und andere Seelsorgestellen allein von hochherzigen Frauen als »Pfarrerinnen« betreut werden, die vom Bischof bestellt und feierlich dafür gesegnet und ausgesandt wurden.

Der Aberglaube an eine geringere Begabtheit der Frau dem Mann gegenüber ist heute dagegen und zum Glück fast allgemein ausgestorben. Er war in meiner Jugend noch virulent. Die Welt hat sich diesbezüglich in Riesenschritten zum Besseren verändert. Doch weithin muß leider festgestellt werden, daß kirchliche Autoritäten weit zurückbleiben und rückschrittlich wirken.

Die Frage der Frauenordination ist sicher nicht das Ganze in dieser Lebensfrage für die Kirche. Meines Erachtens hätte sich die oberste kirchliche Autorität in Geduld üben sollen und eine abwartende Stellung einnehmen können. Aber die Tatsache, daß Kirchenmänner noch so kategorisch der Frau die Fähigkeit zur Ordination absprechen, ist Beweis genug, daß die Kirche in der Frauenfrage ihre Vergangenheit keineswegs aufgearbeitet hat. Sie müßte dies sehr demütig tun.

Die »endgültig« gemeinte Entscheidung durch Johannes Paul II. kam auf diesem Hintergrund wie ein Blitz aus heiterem Himmel. Man wußte doch fast allgemein, daß sich der Versuch der Glaubenskongregation, die Möglichkeit der Frauenordination kategorisch auszuschließen – in *Inter insigniores* 1976 – durch die völlig ungeeignete Argumentation selbst erledigt hatte. Noch mehr überraschte da die höchstamtliche Feststellung der Glaubenskongregation, daß das »endgültige« Nein des Papstes eine »unfehlbare Entscheidung« sei. An dieser Frage wird das Problem der gleichzeitigen Ungleichzeitigkeit als eines der gravierendsten Phänomene in der Kirche von heute ganz besonders deutlich.

Der Papst spricht in »glänzender Isolierung« ein »Unfehlbar« aus. Er und seine Berater waren sich offenbar nicht im klaren über die Folgen. Eine Entscheidung war nicht nur unzeitig, sondern weder notwendig noch hilfreich. Niemand hätte es dem Papst verübelt, wenn er, vor allem auch angesichts der Spannungen in der anglikanischen Kirchengemeinschaft, gemahnt hätte, die katholische Kirche müsse sich Zeit gönnen, bis durch geduldige Gespräche so oder so ein eindeutiger Konsens erreicht würde.

Man hört bisweilen, daß die päpstliche Entscheidung der Aussöhnung mit den orthodoxen Kirchen dienen könne. Dieser Meinung bin ich nicht. Das Faktum, daß ein Papst im absoluten Alleingang ein neues Dogma verkündet, ohne sich in der eigenen Kirche zu vergewissern, wiegt für sie viel gewichtiger als das Problem der Frauenordination für sich genommen.

Ich halte die als unfehlbar bezeichnete Entscheidung Roms nicht nur für inopportun, sondern auch für unzeitig: Die päpstliche Entscheidung kommt »zu spät«. Wieso? Die Gefühlsbarriere ist bereits überschritten, aber so, daß auch die theoretische Frage als rückständig erscheint. Hätte ein Papst in einer früheren Zeit, als Ordensfrauen die Klausur nie verlassen und nicht einmal als Krankenpflegerinnen tätig sein durften, in einer Zeit, in der es noch oder wiederum keine Theologinnen gab, sein kategorisches Nein gesprochen, so hätte das vielleicht wenig Disput ausgelöst.

Doch nun ist die Situation überreif für ein neues Denken. Die reformatorischen und die anglikanischen Kirchen haben das Experiment der Frauenordination mit gutem Erfolg gewagt und die theologische Frage nach allen Seiten durchdacht und durchdiskutiert. Ihre Initiative und ihr theologisches Denken fanden auch in der katholischen Kirche Widerhall. Unsere Theologen und Theologinnen haben die Frage in jeder Hinsicht gründlich studiert. Die große Mehrheit der Theologen, vor allem der Exegeten, sind zur Überzeugung gekommen, daß sich von der Hl. Schrift und von einer gediegenen Dogmatik her keine ernsten Bedenken gegen die Frauenordination anmelden. Befragungen in verschiedenen Ländern haben ergeben, daß nur mehr eine Minderheit die Frauenordination für unmöglich hält. Ganz entschieden für den Stimmungswechsel ist die unmittelbare Erfahrung, daß Frauen sehr gute Seelsorgerinnen sein können.

Man fragt sich auf diesem Hintergrund: Was steht denn eigentlich noch aus? Die Kirche hat doch höchstfeierlich und amtlich Frauen die Aussendung und den Segen für entscheidende seelsorgliche Aufgaben einschließlich der Leitung ganzer Pfarreien gegeben. Frauen taufen, predigen, leiten Bußgottesdienste, betreuen die Kranken und Sterbenden seelsorglich usw. Wissenschaftliche Studien haben nachgewiesen, daß schon im Mittelalter Äbtissinnen von der Kirche die Vollmacht erhielten, in ihrem Bereich Beichte zu hören und loszusprechen. Frauen sind ja auch oft die begabteren Versöhnerinnen.

Es bleibt eigentlich als entscheidender Punkt der Frage nur, ob Frauen bevollmächtigt werden können, die Wandlungsworte zu sprechen und den Heiligen Geist auf die Gaben herabzurufen. Es ist ja nicht der Priester, der »verwandelt«. Er ruft den Heiligen Geist herab, der allein die eucharistischen Gaben verwandeln kann. Worin steht in bezug auf das Herabrufen des Heiligen Geistes die Frau dem Mann nach? Wenn der Priester (Mann) spricht: »Das ist mein Leib«, so hat dies doch mit seinem Mannsein nichts zu tun. Er spricht ja nicht in eigenem Namen. Die Frau kann ebensogut wie der Mann die eucharistische Dankbarkeit, das eucharistische Gedächtnis pflegen. Ich vermute, daß die Ablehnung der Frauenordination gerade im Hinblick auf die Eucharistie doch noch irgendwie mit einem magischen Denken zusammenhängt. Ich möchte jedoch nicht behaupten, daß bei den männlichen Gegnern der Frauenordination noch die einstmalige, so tief eingewurzelte Angst vor der kultischen »Unreinheit« der Frau mitspielt. Bei der Aufarbeitung unserer Tradition muß man allerdings auch daran erinnern. Und das ist meine Hauptsorge: Gegner der Frauenordination haben die belastete Vergangenheit diesbezüglich eben noch nicht aufgearbeitet und sind einstweilen nicht dazu bereit.

Der plötzlich formulierte Infallibilisierungsversuch durch den Papst hat die Öffentlichkeit sehr überrascht. Wahrscheinlich war umgekehrt seine Überraschung über die Reaktion nicht geringer. Die Frage ist nun: »Haben wir wirklich durch das päpstliche Diktum ein neues Dogma?« Niemand wird behaupten, daß es ein altes Dogma sei; denn nie hat die Kirche dogmatisch diese Frage entscheiden wollen. Vage Meinungen, auch wenn sie in vielen Köpfen umgehen, machen kein Dogma daraus.

Die einen antworten auf diese Frage auf folgende Weise: »Hier haben wir ein mißglücktes Dogma; also wissen wir, daß der Papst nicht unfehlbar ist, oder genauer gesagt: Jetzt wissen wir endlich, daß das Unfehlbarkeitsdogma irrig ist.« Dieser Argumentation schließe ich mich aus guten Gründen *nicht* an. Ich behaupte sogar, daß bei diesem unerfreulichen Anlaß deutlich geworden ist, daß es bezüglich päpstlicher Unfehlbarkeit durchaus Sicherheitsventile gibt. Vielleicht wird man in der Zukunft noch deutlicheren Schutz gegen einen bedenklichen Infallibilismus finden müssen.

Mit zahllosen Frauen und Männern, die sich bereits geäußert haben, behaupte auch ich: Die Meinungsäußerung und die persönliche Überzeugung des Papstes wird ernst genommen. Doch sein Versuch der Infallibilisierung seiner Auffassung ist eindeutig mißlungen, weil er sich nicht an die lehramtlichen Vorgaben und Bedingungen gehalten hat. Nicht erst im II. Vatikanischen Konzil, sondern schon im I. Vatikanischen Konzil wurden Sicherungen eingebaut, die deutlich machen, in welchen Grenzen allein unfehlbare päpstliche Äußerungen rechtsgültig möglich sind.

Der wichtigste diesbezügliche Text findet sich in der Konstitution *Pastor Aeternus* des I. Vatikanischen Konzils. Er lautet: »Die Römischen Päpste haben der Zeit und den Umständen entsprechend erst dann bestimmt, was in Übereinstimmung mit der Heiligen Schrift und den apostolischen Traditionen festzuhalten ist, nachdem sie dies durch ökumenische Konzilien oder durch Erforschung der Überzeugung der über den ganzen Erdkreis zerstreuten Kirche, etwa durch Partikular-Synoden und durch andere von der göttlichen Vorsehung ermöglichten Hilfen, festgestellt haben.«

Nichts von all dem hat der Papst getan. Sonst wäre es ihm leichtgefallen, festzustellen, daß sich die große Mehrzahl der Exegeten schon dahin geäußert hat, es liege von der Hl. Schrift her keinerlei Beweis gegen die Möglichkeit der Frauenordination vor. Er dürfte wohl auch gewußt haben, daß in vielen Ländern eine beträchtliche Mehrheit von Gläubigen die Frauenordination für möglich hält oder gar eindringlich fordert. Es dürfte sich wohl nur eine Minderheit von Gläubigen aller Ränge finden, die die Frauenordination für theologisch unmöglich hält, was allerdings nicht heißt, daß alle, die sie für theologisch möglich halten, diese wünschen.

Die Historiker werden sich in Zukunft darüber streiten, ob der Papst und/oder seine Ratgeber sich dieser Vorgegebenheit bewußt waren. Der angesehene Kirchenhistoriker Carlo Zizzola äußert sich in

Rocca, einer katholischen Zeitschrift, die in Assisi erscheint, dahingehend, daß es sich um einen »Handstreich« (colpo di mano) einer bestimmten Gruppe von Männern des Vatikans handle. Wir stehen vor einem Rätsel.

Ein anderer Gedankengang kommt von ähnlichen theologischen Erwägungen her zum gleichen Schluß. Man kann sich diesbezüglich auf gründliche Studien von Yves Congar, dem großen Theologen, den Papst Johannes Paul II. zum Kardinal ernannt hat, stützen. Es handelt sich um die genau ausgearbeitete Theorie der »Rezeption«. Nach Congar und den vielen Theologen, die sich auf ihn beziehen, kann eine päpstliche Lehre nur insoweit als endgültig und unfehlbar gelten, als sie in der Gesamtkirche eine »Rezeption«, d.h. eine freie Zustimmung findet. Findet sie keine Zustimmung, dann steht zugleich auch die Wahrscheinlichkeit dafür, daß der Papst seinerseits die Äußerungen des Glaubenssinnes in der betreffenden Frage nicht »rezipiert« hat. Letzeres ist in unserer Frage ja ganz offensichtlich.

Die beiden Gedankenlinien ergänzen und bekräftigen sich in bezug auf die Frauenordination gegenseitig zugunsten der Überzeugung, daß trotz der unleugbaren Absicht des Papstes, eine unfehlbare Lehre zu verkünden, dennoch keine solche zustande gekommen ist. Hier liegt ein Fall vor, der zweifellos in die Geschichte des Papsttums eingehen wird. Es dürfte wohl nicht mehr so leicht einem seiner Nachfolger etwas Ähnliches »passieren«.

Die mißlungene Infallibilisierung der These, daß aufgrund der Offenbarung Frauen unfähig seien, am Amtspriestertum teilzunehmen, hat ungewollt dazu beigetragen, daß man sich in der Gesamtkirche mit größerer Leidenschaft darum bemüht, die Frage zu klären. Ich habe keinen Zweifel, daß die Klärung zugunsten der Frauenordination stattfinden wird.

Der preisgekrönte Film *Dead Man Walking* wirft ein helles Licht auf unsere Frage. Es ist nicht mehr die Frage, ob Frauen überhaupt Seelsorgerinnen sein können, sondern bis zu welchem Punkte sie es bereits sind. Johannes Paul II. hat uns ein priesterliches Vorbild gegeben, als er den Mann, der ihn verwundet hatte und ihn zu töten versuchte, im Gefängnis freundlich besuchte. Im Glauben wußte er, daß er damit Jesus besuchte. In den USA allein sind schon mehr als 130 Ordensfrauen und viele andere katholische Frauen amtlich Seelsorgerinnen für Strafgefangene. Sie erweisen sich als charismatisch begabte Versöhnerinnen, Heilerinnen, Verkünderinnen der Frohbotschaft. Sie tun ihren Dienst im ausdrücklichen Auftrag und mit der Sendung seitens der Kirche. Dabei sind noch keine drei Jahrhunderte vergangen, seitdem sich die römisch-katholische Kirche mühsam durchgerungen hat, gottgeweihten Jungfrauen den öffentlichen Unterricht und schließlich sogar den Religionsunterricht zu gestatten.

Die Entwicklung ist wahrhaft atemberaubend. Kurz nach dem Ende des Konzils wurde ich zum Generalkapitel von Dominikanerinnen eingeladen. Dort fragte mich die Generaloberin: »Wo vermuten Sie uns Schwestern in vielleicht schon naher Zukunft?« Meine Antwort war: »In der Heilssorge für Strafgefangene.« Es dauerte keine zehn Jahre, bis jene Generaloberin zunächst Sozialdienst, dann Seelsorge für Strafgefangene leistete. Zudem gehört sie zu jenen prophetischen Frauen, die kraftvoll für eine gründliche Reform des Strafvollzugs eintreten.

Meine Folgerung: Die Kirche ist im gesunden Umlernen schon sehr weit. Es bedarf nur mehr eines relativ kleinen Schrittes bis zur feierlichen Priesterweihe von Frauen, die sich in der Heilssorge schon bewährt haben.

Ich hege die kühne Hoffnung, daß der mißglückte Infallibilisierungsversuch über die momentanen Verwundungen hinweg einen doppelten positiven Ertrag zeitigen kann: erstens eine tiefere Besinnung über die Lehre von der Unfehlbarkeit des Papstes und der Kirche insgesamt und zweitens eine gründlichere Klärung des theologischen Status der Theorie von der Frauenordination. Darüber hinaus vermute ich, daß man sich gesamtkirchlich nunmehr radikaler bemühen wird, keine wichtigen, die ganze Kirche betreffenden Lehren und Entscheidungen zu treffen, ohne die Frauen dabei gebührend zu berücksichtigen. Und da ist noch sehr viel aufzuholen, um vergangenes Unrecht wieder gutzumachen und Wunden zu heilen.

Die Zukunft der Glaubensvermittlung und Glaubensvertiefung hängt sehr weitgehend vom Beitrag der Frauen ab und von der Bereitschaft der Kirchenmänner, diesen Beitrag zu erbitten und dankbar anzunehmen. Die feministische Theologie hat auch für uns Männer sehr viel zu sagen. Unser Gottesbild darf nicht von geprägten patriarchalen Bildern belastet sein. Gott ist beides: väterliche Huld und mütterliche Zärtlichkeit. Die inklusive Sprache, so wichtig sie auch ist, genügt nicht, um dies zum Ausdruck zu bringen. Die aktive Präsenz der Frau in der Kirche und deren dankbare Annahme durch alle gehört zur gesunden Religiosität, zu einem vertieften und unverfälschten Glauben. Dies müssen wir uns nach dieser Schlappe des männlichen Lehramtes nicht nur von den Frauen sagen lassen. Wir müssen es tief ins Herz einschreiben. Und die künftige Seelsorge soll über den familiären Bereich hinaus sicherstellen, daß die Seelsorgerinnen ebenso voll ihren Beitrag für das kirchliche Glaubensverständnis leisten können wie die Männer.

Es wäre natürlich großartig, wenn der Papst seinen Fehler und Irrtum noch einsehen und demütig anerkennen würde, bevor er uns verläßt. Mehrmals habe ich mich dahin geäußert: Es wäre ein besonderes Gnadenzeichen Gottes zugunsten des Ökumenismus, wenn ein Papst einmal einen krassen Fehler begehen und ihn demütig als solchen anerkennen würde. Ein Freund sagte mir: »Nur ein unverbesserlicher Optimist wie du wagt so etwas zu hoffen.« Ich bitte den Leser, mit mir darum zu beten.

Die Aura, die immer noch den Papst umgibt, ganz besonders wenn er von Ja-Sagern umgeben ist, macht es einem auch sonst heiligmäßigen Mann auf dem »Papstthron« sehr schwer, eigene Fehler und Irrtümer einzugestehen und ständig dazuzulernen und umzudenken. Eine Erneuerung des Verständnisses des Petrusdienstes müßte nicht nur auf die ökumenische Annehmbarkeit bedacht sein, sondern auch auf jene ganzheitliche Umgestaltung der gesamten Struktur und Atmosphäre der kirchlichen Leitung, die es einem guten Papst relativ erleichtern würde, ständig lernbereit zu sein, umdenken zu können und Fehler einzugestehen.

IV. Priestermangel und Zölibat

1. Existentielle Betroffenheit

In dieser heiklen Frage bin ich mir bewußt, daß ich keineswegs neutraler Zuschauer und Beobachter bin. Ich bin in doppelter Weise nicht neutral: Ich habe mich selbst freiwillig für den Zölibat entschieden, ihn ein langes Leben gelebt und ich meine rückblickend, daß ich gut damit gefahren bin. Der Entschluß für die Ehelosigkeit »um des Himmelreiches willen« war für mich keineswegs leicht. Ich war mir wohl bewußt, daß ich auf etwas sehr Schönes und Kostbares verzichte. Ebenso war mir klar, daß ich mit der hohen Anziehungskraft schöner und edler Frauen rechnen müßte. Dennoch habe ich mich nach reiflicher Überlegung und viel Gebet dafür entschlossen. Hauptmotiv war mir die gespürte Berufung, als Missionar die Frohbotschaft zu verkünden. Ehrfurcht vor der Frau, vor jeder Frau, und Wachsamkeit über meine Beweggründe waren mir wirksamer Schutz gegen Versuchungen. Das mir als Verdienst anzurechnen, wäre töricht. Doppelt schlimm wäre es, aufgrund dieser Erfahrung andere, die in bezug auf das Zölibatsgesetz in Schwierigkeiten gerieten, geringer zu achten als mich selbst.

Mit diesem Gedanken komme ich zum zweiten Grund dafür, daß ich mich nicht als neutralen Beobachter betrachten kann: Ich habe enorm mit anderen mitgelitten. Ich meine sogar, daß mir diese Art des Leidens seelisch näher gegangen ist als das Leiden unter meinen schweren Krankheiten.

Nur ein paar bezeichnende Erfahrungen: In Rom stand ich viele Jahre einem ehemaligen Monsignore als Tröster und Helfer bei. Er litt furchtbar unter der Tatsache der Exkommunikation und der Unmöglichkeit, die Mutter seiner neun Kinder kirchlich zu ehelichen. Über

Jahre zahlte ich ihm regelmäßig die Arzt- und Apothekerrechnungen. Ich war tief ergriffen, als er mir einmal sagte: »Vielleicht war diese Demütigung für mich zum Heil. Ich war ein stolzer Prälat.« Eine ganze Anzahl verheirateter Priester – ich spreche nicht von »gültiger« Heirat – machten sich unter meiner Leitung auf den Weg, der damals – vor dem Konzil – unabdingbare Bedingung für die Lossprechung durch Rom war: sie mußten ein volles Jahr lang absolut enthaltsam gelebt haben. Alle Paare bis auf eines schafften es nicht. Immer wieder »Rückfälle« und Tränen, die ich mitweinte. Nur einem Paar gelang es. Ich hatte ihnen gegenüber sehr betont, daß sie sehr zärtlich zueinander sein müßten. Das half ihnen.

Eine Karmeliterin beschwor mich brieflich, ihrem Bruder, einem sehr beliebten und charismatischen Priester, die Idee auszureden, um Dispens vom Zölibat zu bitten und zu heiraten. Sie war überzeugt, daß er auf mich hören würde. Ich traf mich mit ihm, hörte ihm zu, weinte mit ihm. Man wollte ihn zum Bischof machen. Er sah keinen anderen Ausweg als den, zu heiraten.

Ich sprach mit Papst Paul VI. über den gesamten Fragenkomplex im ersten Jahr seines Pontifikates. Er war sehr betroffen und bat mich um ein ausführliches Memorandum. Ich plädierte dafür, daß in allen Fällen mit Barmherzigkeit geantwortet werden müßte. In sehr vielen Fällen sei es eine unbedingte Pflicht der Gerechtigkeit, jene Priester, die offensichtlich unfähig sind, den Zölibat sinnvoll zu leben, zügig zu dispensieren und ihnen ohne jeden degradierenden Beigeschmack die Ehe zu gestatten. Ich wagte allerdings damals nicht davon zu sprechen, man möge solche Männer, wenn sie im übrigen alle Qualitäten für ein segensreiches priesterliches Wirken besäßen, weiterhin im Amt belassen. Ich beklagte stark die Abmachung mit dem italienischen Staat, wonach ehemaligen Priestern keine staatliche Anstellung gewährt werden dürfe. Für Papst Paul war diese ganze Frage ein Herzensanliegen. Er wußte ja auch, daß Papst Johannes XXIII. noch auf dem Sterbebett seine Betrübnis darüber ausgesprochen hatte, daß er dieses dornige Problem nicht gelöst habe. Nun wurden Dispensen vom Zölibat zügig gegeben. Einer der ersten, der die Eheerlaubnis erhielt, war der besagte ehemalige Monsignore mit seinen neun Kindern.

Wem müßte nicht das Herz bluten, wenn er bedenkt, daß eine evangeliumswidrige kirchliche Gesetzlichkeit so viel Leid mitverschuldete? Im Hintergrund stand eine vergesetzlichte Moral und der allzu häufige Rückgriff auf Strafsanktionen. Als im zwölften Jahrhundert Päpste entschieden daran gingen, den Zölibat allgemein durchzusetzen, scheuten sie sich nicht zu verordnen, daß die Frauen von Priestern, sollten sie sich weigern wegzugehen, in die Sklaverei verkauft werden sollten, natürlich um andere einzuschüchtern. Waren diese Kirchenmänner nicht selbst in der »babylonischen Gefangenschaft« gesetzlichen Denkens? Ein Charisma erblüht kaum im Schutz eines Stacheldrahts!

2. Die Tragik des Pontifikats Johannes Paul II.

Hier berühre ich eine kennzeichnende Tragik des genial begabten und über alle Maßen eifrigen Johannes Paul II. Kurz nach seiner Amtseinführung verordnete er, alle Dispensen vom Priesterzölibat auszusetzen. Offenbar hoffte er, durch solch gesetzliche Härte allen Versuchungen gegen das Zölibatsgesetz einen Riegel vorzuschieben. Es ist ja nicht zu übersehen, daß die Zahl jener Priester, die sich vom Zölibat – unter Verzicht auf das priesterliche Amt – dispensieren ließen, erschreckend hoch war. Ich erinnere mich, daß eine Reihe meiner besten Freunde über diese Maßnahme des neuen Papstes sehr schockiert war und traurig die Befürchtung aussprach, daß hier ein Merkmal eines ganzen Pontifikats deutlich würde. Ich suchte solche

Befürchtungen zu zerstreuen, hoffend, daß der Papst bereit sein werde, schöpferisch nachzudenken. Ich hatte ja die Wahl des »polnischen Papstes« mit Begeisterung begrüßt. Ja, ich hatte sie sogar einem polnischen Mitbruder gegenüber vorausgesagt.

Nach der Amtseinführung Johannes Paul II. traf ich auf dem Petersplatz meinen alten Freund Heblethwaite, Jesuit und Journalist von hohem Ansehen. Er fragte mich sehr ernst: »Hast du keine Angst, daß dieser hochbegabte Papst sich als autoritär entpuppen wird?« Meine Antwort war: »Ich vertraue, daß ihn gerade seine hohe Begabung davor bewahren wird.« Für mich ist kaum etwas einsichtiger als die Tatsache, daß man evangelische Werte nicht autoritär einfordern und schützen kann. Ich vermute, daß für polnische Verhältnisse das Kalkül des Papstes, harte Maßnahmen würden die Flucht aus dem zölibatären Priestertum stark eindämmen, in etwa stimmig waren. Dort hatte die Exkommunikation noch ein soziales Gewicht. Aber es geht ja um unendlich mehr: um das Leuchten des frei und hochherzig gelebten Charismas in der ganzen Welt.

Am meisten wurden in dieser Situation sehr bald die Ordensoberen alarmiert: Was sollten sie mit Mitbrüdern anfangen, die offenbar das Charisma der Ehelosigkeit um des Himmelreiches willen nicht oder nicht mehr lebten? So schickte die Vereinigung der Generaloberen in Rom eine Kommission von drei Ordensgenerälen zum Papst, um ihm klar zu sagen, daß ihr Herz blute, wenn Ordenspriester, die nach reifer Überlegung um Dispens baten und sie nicht erhielten, im Falle einer Heirat von dem kirchlichen Gesetz automatisch exkommuniziert würden.

Einer der drei Ordensgeneräle erzählte mir das dramatische Erlebnis: Als sie den Grund ihres Kommens aussprachen, erwiderte der Papst hart: »Ihr könnt gehen. Ich habe mir meine eigene Überzeugung gebildet.« Was konnten sie anders tun als enttäuscht wegzugehen? Nach einigen Monaten, als sich bei den Ordensoberen die Dispensgesuche noch mehr angehäuft hatten, wurden die drei gleichen Männer erneut zum Papst geschickt mit der Weisung, ja nicht wegzugehen, bevor sie im Namen der Vereinigung das Anliegen wenigstens vorgetragen hätten. Erst als der Druck von vielen Seiten immer stärker wurde, konnte der Papst sich eine Neuordnung abringen. Es sollte doch für die tragischsten Fälle ein Spalt geöffnet werden. Wiederholt habe ich mir von Beteiligten und von kirchlichen Oberen sagen lassen, daß der Dispensvorgang nach wie vor sehr entwürdigend aussieht.

Die Rechnung von Karol Wojtyla ging jedoch ganz und gar nicht auf. Die Zahl der Dispensgesuche ist nach wie vor sehr hoch. Ein unbekannter Prozentsatz verzichtet auf die Prozedur, bleibt im »Stand des Zölibats«, gibt jedoch den Versuch, das Charisma zu leben, ganz und gar auf. Andere heiraten zivil in mehr oder weniger festem Vertrauen, daß ihre Ehe vor Gott, trotz gegenteiligen Gesetzes, als solche gelte. Ich hörte einmal die Äußerung: »Gott hat unsere Ehe trotzdem gesegnet.« Ein Abgrund ruft den andern.

Ich frage Priester und Bischöfe, die dies lesen, folgendes: »Was sagen Sie einem als beliebt und eifrig bekannten Pfarrer, der Ihnen im Gewissen verrät, daß er praktisch ehelich mit einer festen Freundin lebt, es gut zu verbergen weiß und sich im Gewissen angesichts der kirchlichen Härte die Überzeugung gebildet hat, lieber ›ehelich zu leben‹ als zu brennen«?

3. Dem Problem auf den Grund gehen

Die Zahl der Dispensgesuche ist zwar etwas zurückgegangen. Viele Priester gehen ja ohne Dispensgesuch weg, weil sie den Vorgang entweder nicht verkraften können oder ihn einfachhin als ungerecht ablehnen. Doch gewichtiger ist noch die Tatsache, daß sich sehr viele geeignete junge Männer aus dem Grund der harten Handhabung der zölibatären Verpflichtung bei Dispensgesuchen nicht entschließen können, um die Weihe zu bitten: sie fürchten im Fall der Unmöglichkeit, den Zölibat zu leben, das Schwert des harten Gesetzes.

Auch die kirchliche Obrigkeit muß die Fragen um den Zölibat gründlicher studieren. Erst vor kurzem wurde ich von einem amerikanischen Verlag gebeten, ein Buch über die Frage zu rezensieren: A.S. Sipe, *Celibacy. A Way of Loving, Living and Serving* (New York 1996). Der Verfasser ist ein glücklich verheirateter Mann und Vater, Laie, angesehener Psychotherapeut und Theologe.

Schicht um Schicht legt er das vielgestaltige Phänomen Zölibat frei. Vor allem zeigt er aus seiner reichen therapeutischen Erfahrung gangbare Wege, im Zölibat heranzureifen. Man spürt beim Lesen, wie sehr beim Verfasser die Liebe zur Wahrheit und die Liebe zum Menschen Hand in Hand gehen. Sein entscheidender Ansatz ist: Der Zölibat um des Himmelreiches willen ist ein vornehmes Ziel und zugleich ein Prozeß, ein stets besser zu verwirklichender Wert, ein Weg, nicht aber ein Etikett oder eine feste Befindlichkeit, die man einmal ergriffen hat und die sich später eventuell als Falle herausstellen wird, aus der man nicht mehr herauskommt. Der Autor ist durch und durch Heiler und Heilssorger, der auch zu ermutigen weiß, sich, wenn man sich berufen fühlt, auf den Weg zu machen. Für mich zeichnet sich in diesem Buch eine ganz andere Welt und Sicht ab als im Versuch, den Zölibat als Charisma durch einen jeweils noch dichteren Stacheldraht zu sichern.

Vor allen weiteren Überlegungen möchte ich mich und den Leser aber gegen das heillose Mißverständnis schützen, das mit dem Schlagwort »Abschaffung des Zölibats« verbunden ist. Kein Mensch und keine Kultur kann den Zölibat abschaffen. Es gibt und wird immer geben Männer und Frauen, die aus sehr verschiedenen Gründen frei auf Ehe verzichten oder aber ohne eigenen Entschluß ehelos leben müssen. Denken wir an die vielen Witwen und Witwer, an Geschiedene, die keinen Partner mehr finden oder gar nicht mehr den Mut aufbringen, sich nochmals zu binden. Denken wir doch auch an die Behinderten, wie wir ihnen besser helfen könnten, die ihnen auswegslos zugefallene Ehelosigkeit sinnvoll zu bewältigen. Wer den Zölibat »abschaffen« wollte, der wäre praktisch auch ein Klosterstürmer. Der Zölibat ist in fast allen Kulturen ein vielgestaltiges Phänomen.

Bei den folgenden Überlegungen geht es uns darum vor allem um das Verhältnis zwischen Charisma, Gnade und Gesetz im Leben des sogenannten »Weltpriesters«, der inmitten der Welt seinen priesterlichen Beruf und seine Berufung zur Heiligkeit leben will. Es geht im Grunde um die Frage, ob die »lateinische« Kirche, der Großteil der katholischen Kirche, weiterhin die Zulassung zur Priesterweihe mit der Selbstverpflichtung auf das Gesetz des Zölibats verbinden soll.

4. Lösungsversuche

Ein in vieler Hinsicht naheliegender Versuch der Antwort auf diese Frage weist in die Richtung einer, sei es auch modifizierten, Übernahme der traditionellen Regelung in den orthodoxen und katholisch-unierten östlichen Kirchen: Weihe von verheirateten Männern zu Priestern, Wahl der Bischöfe aus dem Ordensklerus, worin sich eine große Hochschätzung des in Gemeinschaft frei gelebten Zölibats offenbart.

Vor vielen Jahren habe ich den ungarischen, zum unierten Ritus gehörigen Bischof, der während der langen Zeit seines Arrestes mein dreibändiges Werk *Das Gesetz Christi* ins Ungarische übersetzt hatte, gefragt, wie es in seiner unierten Diözese mit den Priesterberufen stehe. Seine Antwort war, daß sich so viele anmelden, daß er höchstens ein Drittel der Bewerber zulassen könne. Auf meine Frage nach den Kriterien für seine Auswahl antwortete er prompt: Ich erkundige mich vor allem, ob der Bewerber eine gute Frau hat, die ihm menschlich und auch seelsorglich zur Seite stehen könnte.

In der Regel sind die Männer, die in den orthodoxen und uniert-katholischen Kirchen zu Priestern geweiht werden, schon einige Zeit verheiratet. So wird der verständlichen Sorge vorgebeugt, Priester könnten sich sozusagen auf dem Heiratsmarkt vorfinden.

Stirbt die Ehefrau des orthodoxen Priesters oder hat sie ihn verlassen, so weiß der Betroffene, daß er sich eben mit der Wahl des Priesterstandes in solchen Fällen zu einem Leben der Ehelosigkeit um des Himmelreiches willen verpflichtet hat. Damit soll und will er zugleich den vielen Menschen, die notgedrungen ehelos leben, zur Ermutigung dienen.

Meines Wissens wird jedoch in orthodoxen Kirchen vorsichtig darüber nachgedacht, ob diese Forderung ausnahmslos durchgesetzt werden soll. Man denke beispielsweise an einen relativ jung verwitweten Priester mit einer ganzen Schar kleiner Kinder. Wenn die orthodoxen Kirchen ihren Gläubigen einen maßgeblichen Rat geben, im Fall des Todes des ersten Gatten und ganz besonders auch in dem ebenso traurigen Fall des Verlassenwerdens durch den Gatten die Ehelosigkeit um des Himmelreiches willen zu ergreifen, so steht das immer im Horizont der Oikonomia, der Tugend des Hausvaters, der sorgfältig abwägt, was für die Betroffenen das jeweils Bessere ist.

5. Geschichtsgerechtes Denken

Der Zölibat insgesamt und insbesondere die Zölibatsgesetzgebung haben eine komplexe Geschichte. Man denke an eine Praxis innerhalb des Buddhismus, wo von Mönchen, die lange in Beschaulichkeit und Zurückgezogenheit gelebt haben, erwartet wird, daß sie diese Erfahrungen in späteren Jahren in ein erfülltes Eheleben einbringen sollten.

Die Durchsetzung des Zölibats für Diakone und Priester in der lateinischen Kirche verlief keineswegs geradlinig und war nicht allwegs erbaulich. Erste gesetzliche Anläufe finden sich schon im vierten Jahrhundert. Doch erst im späten Mittelalter konnte er sich allgemein durchsetzen. Die sozialen Bedingungen und zwielichtige Wertung der Sexualität auch in der Ehe erleichterten die Durchsetzung. Bevölkerungspolitisch waren zu dieser Zeit fast alle Länder gesättigt. Man konnte die Zahl der selbständigen Bauern und Handwerker kaum wesentlich vermehren. Auf eine Familie fielen acht bis zehn Geburten. Nur ein Sohn und eine Tochter konnten hoffen, eine Familie zu gründen. Zwei bis drei Kinder starben in früher Kindheit. Die übrigen hatten die Möglichkeit, als Ledige im Haushalt des Bruders eine Beheimatung zu finden oder aber den Ordens- oder Priesterstand zu wählen, womit sie automatisch sozial aufstiegen. Diese Gestalt des kirchlichen Zölibats war im durch und durch religiösen Milieu viel anziehender als der Zölibat der ledigen Geschwister, die das Anhängsel einer Familie waren. Man kann verallgemeinernd sagen, daß der kirchliche Zölibat kulturgeschichtlich bis in die neueste Zeit einen hohen Grad von Akzeptanz aufwies. Das rührte auch zum Teil daher, daß trotz der sich herausbildenden Lehre von der Sakramentalität der Ehe die Sexualität unter vielen Vorbehalten stand. Nach Augustinus war der eheliche Verkehr in sich herabwürdigend und nur durch die direkte Absicht der Zeugung »entschuldigt«. Zugegeben, daß diese Sicht nie die einzige und ausschließliche war. Doch sie wirkte in breiten Schichten, vor allem des Klerus.

Die kulturgeschichtlichen Vorgegebenheiten sind heute im Gegensatz zur geschichtlich vorangehenden Situation sehr verschieden. In der Christenheit hat sich eine eindeutige Hochschätzung der Sexualität in der Ehe durchgesetzt, wobei gleichzeitig die Zahl der Kinder in einer Ehe deutlich niedriger ist wie auch die wirtschaftlichen Rahmenbedingungen in einer postmodernen Gesellschaft sich außerordentlich stark von denen einer agrarisch strukturierten Gesellschaftsordnung unterscheiden. Dem kirchlichen Zölibat steht demnach kein »Überschuß« an Menschen, die zum Zölibat bereit und geeignet wären, zur Verfügung. Die Zeit, in der viele junge Leute nur zwischen freier Wahl des Zölibats und dem Anhängsel-Dasein bei einer verwandten Familie wählen konnten, ist endgültig vorbei. Die Kirche muß mit voller Bewußtheit zur Kenntnis nehmen, daß ihr kaum mehr das traditionelle Reservoir für zölibatäre Priester zur Verfügung steht.

Damit kann der freie Entschluß zum Zölibat um des Himmelreiches willen eine eindeutigere Qualität gewinnen. Doch es kann sich vielfach nur mehr um eine relativ geringe Zahl solcher Berufe handeln.

Ich kann dies an meiner eigenen Erfahrung verdeutlichen: Von den zwölf durchaus willkommenen Kindern meiner Eltern starben zwei in früher Kindheit. Der Älteste fiel als Soldat im ersten Weltkrieg. Der Zweitälteste kam als kranker Mann aus der Gefangenschaft. Ein Bruder und eine Schwester heirateten. Sechs von uns wählten den Ordens- bzw. Priesterberuf. Keine der Familien meiner Großneffen und Großnichten hat mehr als drei Kinder.

Eine der grundsätzlichen Folgerungen aus diesen Erfahrungen und Überlegungen: Das »Gleiche« tun unter total verschieden geschichtlichen Umständen hat eben nicht die Qualitäten des »Gleichen«. Das zähe und buchstäbliche Festhalten an der Zölibatsgesetzgebung ist schon seit geraumer Zeit Ausdruck selbstgewählter »geschichtlicher Ungleichzeitigkeit«.

Überall fragt man darum: Wie soll es weitergehen? Unsere Kirche hat schon infolge der jetzt ungleichzeitigen Gleichzeitigkeit enorm gelitten. Je länger sie aber dauert, um so verheerender werden die Folgen sein. Doch ich rechne mich zu jenen, die tief überzeugt sind, daß der

Druck der geschichtlichen Verhältnisse, auch kraft der Macht der öffentlichen Meinung, in absehbarer Zeit einen Wandel hervorbringen wird.

6. Unersetzliche Schritte

Die Lösung dieses und ähnlicher Problemfelder wird wohl erst dann sinnvoll und mit Elan erfolgen, wenn den Bischofskonferenzen und etwaigen Regionalverbänden von Bischofskonferenzen gemäß dem urkatholischen Prinzip der Subsidiarität die ihnen notwendigen Vollmachten restituiert sind. Meine Erwartungen sehen ungefähr so aus: Es gibt Gebiete, die allerdings an Zahl abnehmen, in denen der Priesterzölibat einen hohen Grad der Akzeptanz hatte und immer noch hat, und wo sich infolge der Gunst aller Umstände auch genügend geeignete zölibatäre Berufungen finden. Aber es ist nicht zu übersehen, daß es Regionen gibt, wo es an zölibatären Berufungen einfach mangelt oder der priesterliche Zölibat als streng kontrolliertes Gesetz keine guten Früchte einbringt. Das Wohl der Kirche und das Grundrecht aller katholischen Gemeinden auf regelmäßige Eucharistiefeier und einen geweihten Seelsorger verlangen unabdingbar, daß man das göttliche Mandat und Testament Jesu nie und nimmer einem bloß menschlichen Gesetz, und sei es auch ehrwürdig, opfern darf.

Ein erster Schritt wird wohl sein die *Weihe erprobter Männer*, vor allem solcher, die sich schon im kirchlichen Dienst bewährt und die nötige theologische und pastorale Bildung haben oder bereit und fähig sind, sie zu erwerben. Die Weihe von Frauen wird wohl für geraume Zeit noch nicht möglich sein. Aber es sollten alle jetzt schon denkbaren Schritte getan werden, um geeignete Frauen – und solche gibt es ja überall – an der Seelsorge zu beteiligen. Viele Möglichkeiten, wie z.B. die der Gemeindereferentinnen und Gemeindeassistentinnen haben sich ja schon bewährt. Die in der Seelsorge tätigen Frauen müssen ihre Charismen auch im Gesamt der kirchlichen Pastoral einbringen können.

Es bestehen meines Erachtens keine theologischen Hindernisse ernster Natur, geeigneten Seelsorgerinnen jetzt schon nicht nur die Taufspendung, sondern auch die Feier des Sakramentes der Versöhnung und der Krankensalbung anzuvertrauen. Ohne Zögern sollten diesbezüglich etwaige theologische Bedenken auf der Ebene der Weltkirche ausgeräumt werden.

Sodann steht die Frage an, wie man Priestern, die sich nicht mehr in der Lage befinden, den Zölibat sinnvoll und fruchtbar zu leben, helfen kann, ohne auf ihre priesterlichen Dienste einfach zu verzichten. Ich könnte mir vorstellen, daß der Bischof mit seinen Ratgebern vor allem die Frage klärt, ob der Priester unabhängig von seinem Zölibatsproblem die nötige Voraussetzung zu einem fruchtbaren priesterlichen Dienst besitzt. Ein Sabbatjahr der Besinnung würde wohl von vielen nicht nur angenommen, sondern auch begrüßt werden.

Ein ganz wichtiger erster Schritt wird sein die Weihe bewährter Gemeindeleiter, in Afrika vielfach einfachhin »Katechisten« genannt, obwohl sie fast alle Verantwortung für ganze Gemeinden tragen. Diese bewährten Männer mit reicher seelsorglicher Erfahrung und oft mit großem pastoralen Geschick ausgezeichnet, feiern schon seit geraumer Zeit regelmäßig mit Begeisterung den feierlichen Wortgottesdienst und anschließend einen Kommuniongottesdienst mit ergreifender liturgischer Gestaltung. Einmal im Monat machen sie gewöhnlich mit dem Fahrrad eine weite Reise, um von einem Priester vorgeweihte Hostien abzuholen. Man braucht kein Prophet zu sein, um vorauszusehen, daß dies anders wird, sobald der Zentralismus der Subsidiaritätsverfassung der Kirche weicht.

Man darf um so eher hoffen, daß dies bald geschieht, wenn sich alle verantwortlichen Kirchenmänner dessen bewußt sind, daß es ein ernster Fall der Heteropraxis (eingefleischter Tathäresie) ist, wenn um des geschichtlich bedingten Gesetzes des Zölibats willen das Grundrecht und Grunderbe der christlichen Gemeinde auf regelmäßige Eucharistiefeier verletzt wird. Alle tragen mit an der Verantwortung, daß dieses Grundgesetz nicht institutionell und sozusagen »guten« Gewissens verletzt wird.

Ein anderer nicht unwesentlicher Schritt ist, daß wir alle, die wir uns freiwillig zur Ehelosigkeit um des Himmelreiches willen verpflichtet haben, unser Charisma so dankbar und freudig und auch opferbereit leben, daß ein solcher Beruf wirklich attraktiv erscheint.

7. Wiedereingliederung ausgeschiedener Priester

Sind die oben genannten Schritte im wesentlichen getan, dann kann sich die Kirche in den verschiedenen Teilen der Welt auch zügig dem schon längst anstehenden Problem der Wiedereingliederung der Priester zuwenden, die nur am Zölibat gescheitert sind bzw. an der jeweiligen Handhabe dieses Gesetzes. Viele, die wegen des Zölibatgesetzes freiwillig auf ihren priesterlichen Dienst verzichtet haben oder dazu gezwungen wurden, hatten und haben in hohem Maß priesterliche Qualitäten und Tugenden, vielleicht sogar in höherem Maße als andere, die als Prälaten in der Kirche Ansehen genießen.

Der Leser wird vermutlich ähnlich wie ich einige verheiratete Priester kennen, die praktisch nur wegen des Zölibatgesetzes ausgeschieden sind, im übrigen aber in hohem Grad die für den Seelsorger nötigen Tugenden besitzen. Viele stehen weiter oder wieder so oder so im kirchlichen Dienst, beispielsweise als Religionslehrer. Sie tun und dürfen jetzt schon alles tun, was auch Frauen im kirchlichen Dienst tun können. Und es ist ihnen nur das versagt, was auch den im kirchlichen Dienst stehenden Frauen normalerweise versagt ist. Dagegen stehen viele andere voll im priesterlichen Dienst, obwohl ihnen sehr wesentliche Bedingungen abgehen.

Wie steht es mit ihrem Zölibat? Ein drastisches Beispiel: Als ich eines Tages im Innenhof der Academia Alfonsiana einen luxuriösen Cadillac sah, fragte ich meinen älteren hochgeschätzten Kollegen, Pater Capone, wem dieses Luxusauto gehöre; er antwortete ironisch: »Weißt du nicht, daß das die Braut eines mächtigen Monsignore ist?« – Hat sich nicht manch wohlbestallter Priester selbst an eine solche oder ähnliche »Konkubine« gekettet: an Machtallüren, Ehrenstreben, Geiz, um nur die auffälligsten Beispiele zu nennen?

Ist einmal der Zölibat, das Hauptkriterium für Zulassung und Bleiben im Priesterstand, hinfällig geworden, dann werden unsere Anforderungen insgesamt wohl sehr viel höher und ausgeglichener ausfallen. Unter den Priestern, die nach dem Ausscheiden aus dem Dienst der Kirche trotz aller Unbill treu geblieben sind und sich sogar durch aktive Beteiligung am kirchlichen Leben auszeichnen, sind doch wohl viele zu finden, die ganzheitlich geeignet sind für den vollen priesterlichen Dienst. Ist das Problem der Weihe der bewährten Männer (viri probati) gelöst, dann dürfte es doch nicht mehr zu schwierig sein, sehr viele der nur wegen des Zölibats Ausgeschiedenen, vor allem, wenn sie in einer vorbildlichen Ehe leben, wieder einzugliedern.

Das alles kann ganz organisch vor sich gehen, wenn in unser aller Köpfe der »Stacheldraht« der Gesetzlichkeit verschwunden ist und wir sowohl für den Priesterberuf wie für das Charisma des Zölibats wieder einen ungehinderten Blick zurückgewonnen haben.

Manchen ausgeschiedenen Priestern sieht man es am Gesicht und in ihrer ganzen Haltung an, daß sie priesterliche Menschen sind. Viele könnten sogar seelisch und erfahrungsmäßig bereichert zum priesterlichen Dienst zurückkehren.

V. Wandel in der Pastoral der Geschiedenen

Diese brennende Frage wurde schon im ersten Teil dieses Buches behandelt, vor allem im Blick auf den Ökumenismus. Hier liegt der Schwerpunkt auf der Dynamik des Wandels, die sich in dieser Frage aufs Ganze gesehen kraftvoll abzeichnet. Die zur Zeit versteiften Fronten dürfen uns diesbezüglich nicht entmutigen. Hier ist die Schmerzgrenze deutlich überschritten: und zwar so, daß sich an diesem Problemfeld die Wende wohl am deutlichsten abzeichnet.

Die Grundeinstellung in Fragen der Pastoral der Geschiedenen ist eine Art Schibboleth, das Schlüsse erlaubt in bezug auf das zugrundeliegende Gottesbild, das Menschenverständnis, die Deutung des Evangeliums und nicht zuletzt in bezug auf die Art, wie man das Verhältnis von Gnade (Evangelium) und Gesetz deutet. Man braucht sich nicht zu wundern, daß sich auch in diesen Fragen die Geister im Blick auf Ökumenismus scheiden.

Selten in der Geschichte kam die Tugend der *Epikie* (die Auslegung eines Gesetzes seines Sinnes und nicht seines Wortlautes nach) in diesen brennenden Fragen so schlecht zur Geltung wie in der Stellungnahme von Papst Johannes Paul II. Er scheint sie überhaupt nicht als Tugend zu kennen, sondern nur als Ausflucht zu fürchten.

Bis ins zwölfte Jahrhundert war ähnlich wie bei den orthodoxen Kirchen des Ostens auch in der westlichen Christenheit, nicht zuletzt unter dem Einfluß der iroschottischen Kirche, Raum für die Anwendung der Epikie in der Pastoral der Geschiedenen. Erst seit Papst Alexander III. zeichnete sich eine härtere Linie in der Behandlung der Geschiedenen und Wiederverheirateten ab. Praktisch hieß dies: Geschiedene, die zu Lebzeiten des ersten Gatten wieder heirateten, blieben vom Empfang der Sakramente ausgeschlossen, bis sie harte Buße taten. Man muß dabei ein Doppeltes bedenken. Erstens, Geschiedene waren im Zeitalter der patriarchalen Großfamilie nicht wie heutzutage Streusand, hoffnungslos allein gelassen. Sie wurden mit Selbstverständlichkeit wieder in die Ursprungsfamilie eingegliedert. Zweitens muß bedacht werden, daß infolge der Gesamtkonstellation das Durchhalten in der Ehe im Grunde eine Leistung der vorgegebenen Umweltverfassung war. Unwiderrufliches Zerbrechen der Ehe dagegen bedeutete eine persönliche Fehlleistung der Betroffenen. Heute ist es fast umgekehrt. Das Gelingen der Ehe stellt hohe persönliche Anforderungen. Die Totalität der gesellschaftlichen Verfassung dagegen »erklärt« das Scheitern. In alter Zeit war die durchschnittliche Dauer einer Ehe um die zwanzig Jahre, heutzutage annähernd fünfzig Jahre. Auch das erklärt die erhöhten Ansprüche an das Durchhaltevermögen der Betroffenen.

In der modernen großstädtischen Welt sind Geschiedene wie Streusand und vielen Gefahren ausgesetzt. Zudem sind sie keineswegs mehr ein bloßes Randproblem. In den meisten Ländern geht annähernd ein Drittel der Ehen hoffnungslos in die Brüche. Der alleinstehende Geschiedene ist sehr oft schweren seelischen und sittlichen Belastungen ausgesetzt.

So gilt hier ganz besonders in dieser Frage die Grundeinsicht: Unter ganz verschiedenen Lebensbedingungen genau das Gleiche zu urgieren, bedeutet sehr Ungleiches.

Die veränderte gesellschaftliche und kulturelle Lage, der große Fortschritt der Bibelwissenschaft, die bessere Kenntnis der Geschichte und der Vielfalt der Kulturen, das ökumenische Miteinander der Kirchen haben auch in der katholischen Theologie und pastoralen Praxis einen bedeutsamen Wandel eingeleitet. Überall finden sich wenigstes tastende Versuche in Richtung eines differenzierten Denkens und eines dementsprechenden Handelns.

Dies zeigte sich deutlich auch auf der Bischofssynode von 1980 über Fragen der Familie. Es kamen zwei bedeutsame Petitionen zur

Abstimmung und erhielten eine fast einstimmige Annahme. Der erste Vorschlag betonte die strenge Pflicht, in der Pastoral der Geschiedenen differenzierter zu denken und zu handeln. Der zweite Vorschlag ersuchte den Papst dringend, dafür zu sorgen, daß unsere Kirche in der Pastoral der Geschiedenen lernbereit sei angesichts der langen Tradition der orthodoxen Kirche, insbesondere ihrer Spiritualität und Praxis der Oikonomia. In der westlichen Tradition entspricht die Tugend der Epikie in etwa der Tugend der Oikonomia der Orthodoxen, letztere greift jedoch tiefer und breiter. Den Synodalen, die für die zwei Vorschläge votierten, ging es ganz offensichtlich, wenn auch nicht allein, um die Zulassung zur Kommunion gemäß einem mehr differenzierten Denken.

In der Schlußansprache überraschte der Papst die Synodalen durch eine seltsame und völlig undifferenzierte Forderung: »Wenn die beiden Partner aus ernsthaften Gründen ... der Verpflichtung zur Trennung nicht nachkommen können, müssen sie sich verpflichten, völlig enthaltsam zu leben, das heißt sich aller Akten zu enthalten, welche den Eheleuten vorbehalten sind« (Familiaris Consortio, Nov. 1981, Nr. 84). Von einer solchen Forderung war im gesamten Verlauf der Synode nie ein Wort gefallen. Sie brachte dem Papst heftige Kritik ein. Doch die harte Forderung wurde im Verlauf der Jahre immer neu urgiert: totale Enthaltsamkeit als Bedingung für den Empfang der Kommunion für Geschiedene und Wiederverheiratete. Nicht nur die Betroffenen, sondern auch Psychotherapeuten und viele Seelsorger warnten, dadurch wäre auch die Zweitehe zum Scheitern verurteilt.

Die Entwicklung in der Pastoral war begreiflicherweise nicht einheitlich. So ist der Vorstoß der drei oberrheinischen Bischöfe Saier, Lehmann und Kasper zu verstehen: eine vorsichtige Anleitung zu differenziertem Denken und Handeln in dieser dornigen Frage. Die drei Bischöfe haben fast alle Theologen, nicht zuletzt die Pastoraltheologen hinter sich, wenngleich begreiflicherweise nicht alle wagen, sich öffentlich zu äußern. Allerdings haben nicht wenige Stimmen den drei Bischöfen den Vorwurf gemacht, sie seien zu zaghaft und hätten in ihrem lobenswerten Bemühen um ein differenziertes Denken die Grenzen der Epikie doch noch entschieden zu eng gezogen. Der Vatikan war ganz anderer Meinung. Dreimal mußten die drei Bischöfe nach Rom wallfahren. Und schließlich kam die Antwort des Papstes. Sie lautet im Kern: »ausnahmslos«. Es darf keine Epikie oder irgendeine Art von Anwendung der Oikonomia geben. Selbst wenn die Betroffenen und ihre Seelsorger zur Überzeugung gekommen sind, daß der gescheiterten Ehe die Qualität der »Gültigkeit« fehlte, gilt der ausnahmslose Ausschluß von den Sakramenten, falls sie nicht auf alle ehelichen Akte verzichten. Der Bescheid des Ehegerichtes sei unter allen Umständen maßgebend. Damit blieb die Praxis und Tugend der Epikie völlig auf der Strecke.

Nun wird mich der Leser oder die Leserin vielleicht fragen, wie ich trotz alldem dazu komme zu behaupten, daß die Wende zum Besseren sich abzeichne. Ich habe für meine Prognose viele Gründe. Ich nenne vor allem hier die würdevolle, aufrechte und absolut gewaltfreie Haltung der drei oberrheinischen Bischöfe und das weltweite ermunternde Echo, eine überwältigende Welle der Sympathie für ihren Vorstoß. Damit hat die brennende Frage der Pastoral der Geschiedenen einen ganz neuen Grad der Aufmerksamkeit erreicht.

Ich bewundere den Mut, nicht die Weisheit, des Papstes in seinem schier unbegrenzten Eifer für kontrollierte und kontrollierbare Anwendung seiner Lehren und Entscheidungen. Zweifellos handelt er gemäß seinem Gewissen. Dies ist freilich von einer ganz bestimmten Denkart und Tradition geprägt. Immer öfter hört man die Frage, ob es nicht vielleicht ein Papst schwerer habe als ein gewöhnlicher Sterblicher, wenn es gilt, umzulernen. Die gegenwärtige päpstliche Praxis in Lehre und Disziplin gerät immer mehr in einen Engpaß. Doch die Flammenzeichen der Zeit mahnen uns dringlich zu größerer Offenheit im Denken und im Dialog, und nicht zuletzt zu einem betont ökumenischen Denken, zu gemeinsamer Treue zur barmherzigen Praxis und Lehre Christi. Wir alle haben noch viel zu lernen.

Der Papst fühlt sich unbedingt verpflichtet, die Heiligkeit des Sakramentes der Ehe zu verteidigen. Das Tragische ist, daß er dabei von einem vorkonziliären Verständnis der Sakramentalität der Ehe ausgeht. Man sah den *Ehevertrag*, in dem sich die beiden Gatten das »ausschließliche Recht auf Akte, die der Art nach auf Zeugung ausgerichtet sind«, übertragen, als das *Sakrament der Ehe* an. Ist eine Ehe als Lebens- und Liebesgemeinschaft total und unwiderruflich zerstört, so bleibt nach dieser Auffassung eben doch die Sakramentalität der zerstörten Ehe. Ist dann dieses Sakrament nicht eine Art Schwert, das über den Häuptern der Geschiedenen droht? Es kann kein Zweifel bestehen, daß das Zweite Vatikanische Konzil diese Auffassung ein für allemal hinter sich gelassen hat. Das Konzil sagt: »Die innige Gemeinschaft des Lebens und der Liebe, vom Schöpfer begründet und mit eigenen Gesetzen geschützt, wird durch den Ehebund ... gestiftet ... Diese innige Vereinigung als gegenseitiges Sichschenken zweier Personen wie auch das Wohl der Kinder verlangen die unbedingte Treue der Gatten und fordern unauflösliche Einheit« (GS Nr. 49).

In eben dieser Sicht betonen auch die orthodoxen und reformatorischen Kirchen einmütig, daß die Gatten alles zu tun haben, um diesen Liebes- und Lebensbund zu wahren. Auch von seiten der Kirche muß alles getan werden, um ein Scheitern zu verhindern. Wäre der formelle Rechtsvertrag als solcher das Sakrament, so würde jede Ehe, insofern Sakrament, auch nach dem endgültigen Scheitern ein unerbittliches Veto gegen das Eingehen einer neuen Ehe bedeuten. Ist jedoch die Sakramentalität gemäß der Sicht des Konzils und der von

Rom getrennten Teile der Christenheit vom Lebens- und Liebesbund her gesehen, so kann nach dem absolut hoffnungslosen Scheitern von sakramentaler Fortdauer einer solchen Ehe nicht mehr die Rede sein. Sicher ergeben sich aus einer solchen Ehe eine ganze Reihe von Pflichten. Man kann die tragische Vergangenheit nicht einfach auslöschen. Aber als »Sakrament« steht die »tote« Ehe nicht einem neuen Eheabschluß unbedingt im Weg, eben weil der Kern der Sakramentalität im »Lebens- und Liebesbund« gesehen wird.

Auch in dieser Auseinandersetzung – ähnlich wie in der Frage der Frauenordination und einer behaupteten ausnahmslosen Bosheit künstlicher Kontrazeption – zeichnet sich aufs neue das Doppelproblem der Rezeption bzw. der Nichtrezeption ab. Papst Johannes Paul II. hat in all diesen von ihm so vordringlich behandelten Fragen Aussagen des Konzils, den Stand der theologischen Forschung und die deutlichen Äußerungen des Glaubenssinnes des Volkes Gottes nicht »rezipiert«. Die unvermeidliche Kehrseite ist die Nicht-Rezeption dezidierter päpstlicher Lehren von seiten des Gottesvolkes. Die auslaufenden Denkmodelle können sich gegen neue Erkenntnisse und Sichtweisen nicht durchsetzen. »Die Zukunft hat schon begonnen.«

Diese Erfahrung spricht sich unter anderem auch in den »Kirchenvolksbegehren« zahlreicher Länder aus. Das Erfreuliche daran ist, daß sich dieser Vorgang der Ablösung alter Denkmodelle und das deutliche Auftauchen neuer Sichtweisen insgesamt sowohl durch Freimut wie durch Gewaltfreiheit abzeichnet. Ein gemeinsamer Lernprozeß ist in Gang gesetzt. Darauf gründet sich auch unsere Hoffnung, daß die Kirche in der Zukunft als glaubensfrohe Lerngemeinschaft besser gerüstet ist, sich strittigen Fragen zu stellen und die Zeichen der Zeit zu deuten.

Mit vielen anderen teile ich die Hoffnung, daß die römisch-katholische Kirche einschließlich der Päpste in Zukunft die Demut und den Mut aufbringen wird, von der lang bewährten Praxis der orthodoxen Kirchen in der Frage der Oikonomia und in vielen anderen Dingen zu lernen. Dann wird auch der Petrusdienst innerhalb der katholischen Kirche und sogar innerhalb der ganze Ökumene ein wirklicher Dienst des *servus servorum* Christi sein.

Anmerkungen

1 Freiburg, ^{3}1994.

2 Düsseldorf 1934 ff.

3 Ich bin dabei nicht der einzige Moraltheologe, der sich nach der Erfahrung und gemäß den Weisungen des Konzils sehr bewußt bemüht hat, sich vor allem vom Geist und von den Aussagen der Hl. Schrift leiten zu lassen. Vgl. dazu den Aufsatz eines Exegeten: Michael Clark, The Major Scriptural Themes in the Moral Theology of Father Bernhard Häring, in: Studia Moralia 30 (1992, 3-16; 277-287).

4 Diese Befreiung in ihrer ganzen Breite und Tiefe hängt gerade auch im kirchlichen Raum davon ab, ob wir uns aus den Folgeerscheinungen und Gestalten des Patriarchalismus radikal lösen können. Dazu wäre sicher sehr viel zu sagen. Ich verweise darum auf das angezeichnete Buch von G. Baudler, Gott und Frau. Die Geschichte der Gewalt, Sexualität und Religion, München 1991.

5 Vgl. dazu das ausgezeichnete Buch von E. A. Stadter, Wenn du wüßtest, was ich fühle. Einführung in die Beziehungstherapie, Freiburg 1992.

6 Lexikon für Theologie und Kirche. 2. Auflage, Band 12: Das Zweite Vatikanische Konzil. Dokumente und Kommentare, Teil I, S. 227.

7 München 1967/1972.

8 Göttingen 1987.

9 London 1987.

10 Paderborn 1991.

11 Veröffentlicht in: Moral Theology, Challenge for the Future, Festschrift für Richard A. McCormick, New York 1990, 213 ff.

12 Zu diesem ganzen Komplex vgl. meinen Beitrag Christliche Ethik im ökumenischen Dialog, in KNA, ÖKUMENISCHE INFORMATION Nr. 18, 29.4.1992, S. 5-10 und Nr. 19, 6.5.1992, S. 5-15.

13 Herderkorrespondenz 4, 1949/50, S. 316.

Kirche heute

Medard Kehl
Wohin geht die Kirche?
Eine Zeitdiagnose
5. Auflage, 176 Seiten, Paperback
ISBN 3-451-23961-2

Einer der profiliertesten deutschsprachigen Theologen analysiert nüchtern und in klarer Sprache die außer- und innerkirchlichen Hintergründe der aktuellen Kirchenkrise. Darüber hinaus wagt er aber auch Prognosen und weist Wege, wie die Zukunft der Kirche gelingen könnte.

Herbert Haag
Worauf es ankommt
Wollte Jesus eine Zwei-Stände-Kirche?
128 Seiten, Gebunden
ISBN 3-451-26049-2

Ist der Priesterstand, wie wir ihn kennen, wirklich ein unverzichtbares Element der Kirche? Oder ist er geschichtlich gewachsen und daher ein veränderbares Phänomen? Kenntnisreich diskutiert Herbert Haag eine entscheidende Zukunftsfrage der Kirche.

Herder
Freiburg · Basel · Wien

Bernhard Häring

Es geht auch anders
Plädoyer für eine neue Umgangsform in der Kirche
3. Auflage, 96 Seiten, Paperback – ISBN 3-451-23235-9

Heute Priester sein
Eine kritische Ermutigung
2. Auflage, 152 Seiten, Gebunden – ISBN 3-451-23758-X

Ich habe deine Tränen gesehen
Ein Trostbuch für Kranke und ihre Wegbegleiter
4. Auflage, 108 Seiten, Paperback
Herderbücherei Band 8806 – ISBN 3-451-08806-1

Meine Erfahrung mit der Kirche
Einleitung und Fragen von Gianni Licheri
8. Auflage, 238 Seiten, Gebunden – ISBN 3-451-21620-5

In Christus zum Leben befreit
Für Bernhard Häring
Von Alfons Auer, Klaus Demmer, Franz Furger u.a.
Hrsg. von Josef Römelt und Bruno Hidber
372 Seiten, Gebunden – ISBN 22874-2

Herder
Freiburg · Basel · Wien